律师是如何炼成的

LAWYER

黄天时◎著

中国法制出版社
CHINA LEGAL PUBLISHING HOUSE

序一　千锤百炼，玉汝于成

——我所看到的黄天时律师的成长历程

黄天时律师是我在数年前为一家国有大型企业改制提供咨询服务时认识的，在我的印象中，他是一位踏实、谦逊、兢兢业业、勤奋好学的青年才俊。那是一次专业合作的邂逅，时光匆匆未及深谈，他家境贫寒、苦心励志的成长经历是我与他在其后的电话交谈中获知的，每每念及此中情由总是会有感动，一种难以排遣的情绪时常涌上心头。他是一位通过个人奋斗而获得成功的律师，经年的术业积累促进其事业不断发展，前途远景也是一片光明。

律师是一种相对自由的职业，从业者以自己的学业背景为依托，集智慧、才华、经验、学识、情商、思考力、判断力、口才、机敏等种种素养与技能于一身为社会提供服务。通过法律职业资格考试应该说是律师从业的起点，但由一个证书的持有人走向一名成功的律师，恐怕还要经历一段艰难的蜕变过程。个人的历练是必不可少的，但师傅的传帮和平时的阅读感悟也是很有价值的学习路径。黄天时律师出于补益新人的心思将自己的律师从业足迹描述出来，写成书并付梓出版，是一种善举，是一种古道热肠，也是一种公益心的行动。对此，我表示赞赏。数天前，他约我为他的这本书作序，我欣然应允。不久前，我们见面，浏览了本书清样稿，提了我个人的一点修正意见，我也赶快写就了几句话，向公众推荐此书。

这本书不仅有业务技能的介绍，更多的是技能之外的“秘籍”：比如成为律师应该做哪些准备？如何寻找适合特定人士的律师事务所？新律师该如何融入团队？怎样避免对合伙人、授薪律师的绝对依赖，如何度过从律师助理、工薪律师到提成律师的“断奶期”？身处矛盾漩涡的律师如何处理各种关系，防范职业风险？怎样提升律师的品位？如何开拓案源，谋求生存、发展之道？诸如此类，不一而足。这些都是新律师经常碰到而又束手无策的问题。黄天时律师在书中以大量翔实且鲜活的案例和故事，破解上述难题，提出实实在在的应对之策。不仅有成功的经验介绍，也有失败的教训警示。

黄天时律师凭着一股韧劲与好学敏求的精神，从一名打工者、自学考试毕业生成长为在京城执业的律师。其认真、执着、坦诚、乐观的性格和积极向上的生活态度支撑他克服了种种客观的窘迫和内心曾经激烈翻腾的苦闷，这对律师事业的后来人是有启迪和鞭策作用的。我们不必复制他的坎坷阅历，但别人的经历会给我们留下比较的路标，以便我们在阅读本书的过程中找准自己的前行方向。期望读者能够从阅读本书中获取个性化的教益。

甘培忠

（北京大学法学院教授、博士生导师）

序二 “道器并重、力促法治”是我们共同的道德律令

现代社会中，法制是基础性、最低线的社会运行和调整工具。真正促进公平、公正等价值的法律才能被认为是良法，良法被普遍地服从。纵观历史和现实中的世界，可发现法治已成为人类迄今为止所能够创造出来的最有效保障人的尊严和福祉的政治法律文明成果，也是中华民族走向伟大复兴不可或缺的坚实保障。

改革开放后，发扬民主、健全法制的步伐大幅迈进，律师业得以快速发展，中国法治事业有所进步。我于 1990 年从北大法律学系毕业后，通过了当年的全国律师资格考试（后更名为国家司法考试，2019 年更名为法律职业资格考试），从 1998 年开始兼职律师执业。从 1997 年开始，在安徽几个市县，通过行政诉讼等方式，为众多弱势群体提供了两年多的法律援助。2003 年至 2008 年，我在山西、河北、安徽等地对众多人给予了法律援助。从这些经历中，深刻认识到中国法治事业建设的方向。

从中外近现代政治法律文明的历史及其演化逻辑中，可发现律师职业既需要道义、勇气，更需要知识、智慧，是典型的良心活、技术活，是“道、勇、智”的统一。

其道义、良心的特质，主要是指律师应当服膺和捍卫公平、公正（正义）等价值，一方面须努力、有效地维护委托人合法权益、正当利益；另一方面要恪守法律公平正义，不可损害他人的正当权益和社会公共利益。其勇气的一面，主要是律师必须坚定不移地守护上述价值，与危害公平、公正的任何组织、个人作坚决抗争，维护社会总体利益。其知识性、智慧性的特征，不难理解。社会是极为复杂、不断演化的系统，社会关系、行为、结构、机制与相应的法律制度都高度复杂，法律问题的多样性、复杂性、变动性是显著的。因而律师职业需要的法律知识、其他相关专业知识、社会经验性知识和学习、实践能力，以及处理复杂问

题的智慧、技术，也明显多于大多数职业。正是因为律师业在知识、智慧、能力等方面的门槛很高，需要不断学习和实践，很多人难以进入此行业，故律师业的社会评价也相对较高。

律师业“道、勇、智”的统一性，也吸引了很多有志青年。他们或通过法学院校的系统培养，或通过其他有效的教育途径，甚至还有些人自学成才，加入了律师行业。本书作者黄天时律师，曾是这样的一位有志青年，现在已是一名较有成就的律师。

1997年秋冬，笔者在北大法律学系（1998年改称法学院）做博士生时，认识了黄天时。他曾经在深圳等地打工，积攒了学费、生活费，从南方来到北京，参加法学教育培训班。他用一年时间完成了其他人需要两年才能完成的法学专业“大专”课业，用两年时间完成其他人需要四年才能完成的法学本科课业，不久便通过了全国法律职业资格考试，后很快做了专职律师。对法律、法学和律师职业，他不仅具有深度、持久的兴趣和热忱，更付出了常人所难以达到的勤奋。我经常以黄天时律师的经历，激励后来的年轻学子。

黄律师对自己的专业学习、执业经验作了系统的梳理、总结，写出了本书。本书主要是对法律实践技术、方法的探讨和归纳，既是专业律师的工作手册，也是其他公众理性决策、合法行为、维护权利、践行法治的通俗读本。不同专业、层次的读者，可根据自己的需要，从中有所收获。当然，对法律实践方法、技术的总结，是长期的、常新的，是艺无止境的，作者需要不断努力。

在黄天时律师的著作出版之际，笔者很荣幸地写出上述感言，分享他的喜悦，权作本书的序言。作为法学研究、教育的实践者，笔者建议并希望黄天时律师和更多的律师朋友，高度重视律师业“道、勇、智”的统一性，更深刻、持久地关注法治相关的道义、正义价值，“道器并重，力促法治”——铁肩担道义，妙手著文章，使我们的生命历程更有尊严和美感。这也是所有法律人、法学人应服膺的道德律令。

陈步雷

（西南政法大学教授、博士生导师，北京万商天勤律师事务所律师）

自序　从高考落榜到律师执业

——只要有恒心，通过法律职业资格考试的人都可以做律师

回想自己从童年到青年的成长历程，真有点命途多舛的感觉。与同龄人相比，我所走过的道路可谓艰辛曲折：幼年丧父，在亲友的资助下读完高中，因数学极差而高考落榜，而后经历的生存之路更加崎岖不平——回家晴耕雨读、乡下中学代课谋生、南下广东打工四载。

幸运的是无论身居何处，我始终没有丢下书本，哪怕在打工所处的地下室的昏暗灯光下，我也在如饥似渴地翻阅各种杂书。1997 年北上京城，以四年打工所得进入中国政法大学自考班就读，一年通过 13 门课程，取得大专文凭。1998 年秋，一次性高分通过律师资格考试。2000 年本科毕业后，加入“职业考研”大军，无奈报考北京大学屡试不中。2003 年 5 月我取得律师执业证，成为律师。

做律师伊始，没有案源，没有客户，四顾茫然。周围认识的人除了律师就是学法律的学生。更为难堪的是，暂时没有哪个律师愿意收我为徒。经过大量投递简历，向律师事务所实施地毯式的求职轰炸，终于有一位新成立律所的主任律师同意收留我。然而，由于本人生性愚钝，老不开窍，急于用人的师傅没有耐心来治愈我这慢热的毛病，上班不到两个月我就难以继续了。万般无奈，我只好再找一家律师事务所从头做起。没有师傅领路，靠自己瞎摸乱闯，一路上坎坎坷坷、悲悲喜喜，不知走了多少弯路。硬是凭着客家人与生俱来的自强不息、坚韧不拔的奋斗精神以及对律师业的坚定信仰才坚持下来。经过数年打拼，现在终于有了相对固定的客户和稳定的收入，担任几家公司的法律顾问，总算在京城站稳了脚跟。

陈述个人的成长历程并不是为了博取他人的同情，而是为了说明像我这种资质平平的人（有个了解我的朋友曾用“老实偏蠢”来形容我），在这么低的起点上都可以做律师，有什么人不能做律师？只要你通过了法律职业资格考试，又有持之以恒、

不达目的誓不罢休的精神和不辞劳苦、脚踏实地的行动，你就一定能比我做得更好。希望我的经历能使有志于从事法律职业的你少走弯路，更快获得成长，这就达到我写本书的写作目的了。

黄天时

2022 年 6 月 30 日

目 录

第五章　案源开拓，生存之道

第六章　办案实录，见微知著

第七章　晴耕雨读，诗意人生

第八章　与时俱进，感恩时代

第一章

初为律师，蓄力启程

——律师助理的困境与出路

第一节　做律师，你准备好了吗

在司法考试（现已改为法律职业资格考试）这个千军万马挤独木桥的搏杀中，你一路过关斩将，成功突围，捧着分量不轻的职业资格证书，内心的喜悦自不待言。对于已在司法岗位且想要通过法律职业资格证书来获得进一步提升的人而言，可谓“好风凭借力，送我上青云”。可对于多数还没有职业定位的人来说，接下来的问题就变得非常现实：如何规划自己未来的职业生涯？怎样把熬夜、吃苦换来的资格证书用到最合适的地方？在安逸而稳定的工作与夹杂风险挑战的法律工作之间如何取舍？理论上讲，从事法律职业，你主要有四种选择：做法官、检察官、律师或公证员。

从表面上看，做律师自由支配的时间更多一些，但是律师事务所不是混饭吃的地方，进来容易立足难。可以这么说，律师是法律职业中最好入门却最难长期坚守的行业。作为过来人，对于想做律师的朋友还是有很多话要说的，但最想说的是下面的话。

一、做律师是个苦差事

影视剧中的律师，总是那么光鲜亮丽、体面尊贵，同各行各业一样，其背后的艰辛也让人难以想象。在我看来，做律师最重要的就是拥有吃苦耐劳的精神。首先，律师需要辛勤工作才能养家糊口，进而有可能丰衣足食。法官、检察官，有稳定的薪酬和福利，有稳定的晋升加薪渠道。律师则不然。律师是自由职业者，在享受自由工作时间的同时，也失去了基本的职业保障。如果你是工薪律师，你必须以出色的工作业绩和任劳任怨的工作态度来获得老板的认可，否则，你今天在这个所干，明天就可能走人；如果你是提成律师，则更加依赖自身：没有案源，没有活干，连生计都是问题。其次，律师是社会法律工作者。有时候律师为了调取一份证据费尽周折、跑断腿、磨破嘴皮也可能劳而无功。在这种情形下，还指望懒惰的律师有什么成就，那简直比天上掉馅饼还难！最后，律师从接待当事人到调查取证、起诉应诉、会见犯罪嫌疑人或被告人、法庭交锋、诉讼调解，既要跑腿又要动脑，没有一项是省心的工作。至于出差办理外地案件，律师除了舟车劳顿之外，还身处人生地不熟的环境，面临的诉讼艰辛和职业风险也就更多。如果你对“辛苦”二字过敏，那就趁早别做律师了，这一点是毋庸置疑的。

就我而言，因为我命运多舛，所以与以前的经历比较起来，并未觉得做律师有多苦。我六岁丧父，在家庭经济极端窘迫的情况下读完小学和中学，十七岁高中毕业，未考上大学，就开始自谋生路，闯荡世界。在偏远山区当了一年代课老师后，回家“修理地球”，把地球上的最后一颗螺丝拧紧后，便坐上南下广东的绿皮火车，想追逐那雷霆万钧的珠江浪潮。因为没有技术，没有文凭，也没有交上好运，在高楼林立的广州、深圳、珠海，走遍大街小巷仍找不到工作。看着潮起潮落的珠江，在滚滚的打工潮中竟然找不到一朵属于自己的浪花，最后只好打道回府。更糟糕的是，在坐长途客车返乡途中，遇到劫匪，身上仅有的50元钱也被洗劫一空。身无分文的我无法回家，便在粤北小县城下了车。幸运的是，在我走投无路的时候，一个酒店的老板收留了我，接下来是四年艰苦的打工生涯。有了这种磨难垫底，什么苦都不在话下了。但是现在刚做实习律师的，绝大多数都是青年人，是在社会进步的大环境中从学校到社会一路顺风顺水走过来的，其吃苦精神也大不如上一代。想要从事律师行业，在职业选择中，首先应该做好吃苦耐劳的思想准备。

二、激情、学识和沉稳，一个都不能少

律师首先要养家糊口，但如果仅仅把律师这一职业当作谋生的手段，那或许就只能解决这么一点问题，做不了一个好律师。我的建议是，从进入律师事务所的第一天起，就应该把律师当作事业来做。干事业就得有激情。就像一个小伙子对一个姑娘，应该有一个从恋爱到结婚的过程，开始交往后爱上她，对她倾注热烈的爱，然后才决定与她相守一生。相亲相爱、白头偕老的婚姻无不有持久的爱

情做基础。同样，那些能做大、做强的律师也是对律师事业倾注了巨大热情的。

做律师需要热情，但光有热情是不够的，还得有足够的知识储备以及为了更新知识储备而终身学习的良好习惯。

做律师首先要具备法律专业知识和专业素养。应该说通过法律职业资格考试的人已基本具备法律专业知识。但仅有这点专业知识是远远不够的。首先，法律随着社会的发展而不断更新，律师要是不能与时俱进地学习，随时都有可能被淘汰。其次，律师干的不是一个纯法律的活儿。律师广泛接触社会各界人士，其工作深入社会各个层面，除法律知识外，还得具备丰富的社会知识和广博的学识。每做一个案件，都得具备相关的背景知识乃至专业知识。有经验的律师都有这样的体会：一个对某方面专业知识一窍不通的律师，很难接下这方面的专业案件，而一旦律师做完一个专业案件，他就几乎成了这方面的专业人士；同样，有这方面专业背景和专业经验的当事人也因诉讼成了半个法律专家。

记得我刚开始做提成律师，独立开拓客户之时，有位朋友给我介绍了一个房屋装修合同纠纷案。当事人李先生是个学业有成的海归，在一个商贸圈租了一个300平方米的写字楼，准备开一家科技发展公司。他花高价请装修公司进行精装修。谁知这家装修公司并没有自己的专业施工队，接活儿之后，又低价转包给一个包工头，包工头临时雇了几个民工开工装修，结果装修工期一拖再拖，活儿干得一塌糊涂，消防设施多次验收不过关。李先生与装修公司交涉无果，打算聘请律师启动诉讼程序，通过朋友介绍找到了我。由于我从来没有接触过装修方面的法律实务，对装修知识一窍不通，什么地漏、踢脚线、消防喷淋一概不懂。至于什么牌子的涂料比较好，刮腻子是怎么回事更是一无所知。与李先生接触后，难以就案情深入交谈，也难以提出有价值的意见来，最后的结果可想而知。当时诉讼经验不足是案件没有谈下来的主因，但也与自己不懂装修知识有关。当事人显然不放心把案件交给一个外行的律师去做。

要求一个律师什么都懂，显然不现实，但你在准备一个案件时，花时间去“恶补”一下相关知识，却是大有必要的。有了这次失败的教训之后，每次涉及自己不熟悉的行业知识时，如果时间来得及，我都会事先了解一下相关方面的背景知识。有可能的话，甚至叫上一个专业人员一同洽谈。在第一次接触医疗事故纠纷案件时，我就曾多次请教一位资深的专业医生；第一次做建设工程合同纠纷案件时，我也曾特邀一个这方面的专业律师加盟操办，并从专业律师那里学到许多专业的知识经验。现在起步做律师的人，有幸赶上网络时代，信息搜集极为方便，只要上网搜索一下，获取各方面的专业知识并不难。

做律师是一个不断学习、不断积累的过程，要养成时时处处在学习、在观察、在积累的习惯，做生活中的有心人。当你在房产中介公司门前久等公交不来时，可以询问房屋买卖的手续，积累这方面的知识经验，既长经验，又消除了等车的烦恼；当你在银行营业厅等待办理业务时，也可以主动与等待人员聊聊天，说不定你身边的人是个评估公司的专业人员，你能从中了解一些财产评估方面的知识，或者他是个物流公司的司机，能告诉你一些货物流转的行业惯例。总之，只要你用心，又是个胆大心细脸皮厚的人，就没有什么学不会的。

稳定的心理素质、超强的抗压能力也是从事律师行业必不可少的条件。律师的核心工作就是给人排忧解难、化解矛盾，而律师本人则经常处于矛盾的风口浪尖，面临各种压力。因此，律师要有稳定而良好的心理素质，先稳住自己，然后才能稳住当事人，稳住案件。律师要有在复杂的情势下处变不惊，从容淡定的心理素质。如果稍有风吹草动就惊慌失措，乱了阵脚，那在法庭上如何应对突如其来的意外情况？当事人又怎能信任你，敢把案件托付给你去办？

三、得体的装扮和文明的举止，是获得律师职业身份认可的加分器

律师是典型的白领，人们心目中的律师形象就是衣冠楚楚、妙语连珠。这些影视剧中的律师形象虽然与生活中的律师有一定差距，但是由于这种形象已在人们心中根深蒂固，如果你与此形象相去甚远，穿戴邋里邋遢，说话支支吾吾，当事人见到你时，就可能产生巨大的心理反差，进而对你产生不信任感。

四、关心热门话题，积累谈资，律师最怕交际场合“冷场”

律师应该是在公共场合敢于说话而又善于说话的人，律师给人的最深刻的印象就是能说能侃。为此平时就得多读书看报，积累素材，搜集谈资，关键时刻才能派上用场。在我们这个知识大爆炸的年代，获取资讯的途径更多了，除了传统

的书报，网络、电视、广播等现代传媒都是快捷有效的途径。有了谈资，你才能搭上话题，才不至于在社交场合“冷场”。

做律师的就怕冷场。刚出道做律师时，在一次饭局上，我的带教律师与当事人相谈甚欢，我努力寻找话题切入点。当他们谈到现代人喜欢用自己的眼光去审视古人时，我立即引用了一句经典名言，这句话引起了众人注意，很自然地就把谈论话题转到我这边，我就有机会说一下自己的情况，带教律师也顺便把我夸了夸，说我爱学习，有比较好的理论功底，知识面广。这种捧场无疑会增加我在当事人面前的分量。

五、律师干的是“较真儿”的活，养成做事认真的习惯

双方当事人但凡有一方肯退让，可能都不会请律师来解决他们之间的纠纷。一旦进入诉讼程序或是委托律师进行协商谈判，往往都是走到针尖对麦芒、寸土必争的地步了。对于锱铢必较的当事人，律师唯有以认真、严谨的工作态度才能胜任。从律师的实际工作内容来说，无论是诉讼还是非诉的活儿，经常是材料一堆，千头万绪，需要律师以抽丝剥茧般的认真和耐心来理出头绪，找到合适的应对方案。有时就连一个字、一句话也要反复推敲。可以毫不夸张地说，严谨、认真是律师的基本素养，马虎、松懈的人做不好律师。

我在河北井陉出差办案时，看过当地一个拉花艺术团的演出，演员对演出的认真劲儿给我留下了深刻的印象。井陉县位于河北省西部边陲，冀晋接合部，乃冀通衢要冲，历代兵家必争之地，驰名中外的韩信背水之战、著名的百团大战，井陉都是主战场。“井陉拉花”，只是一次观赏，我就理解了为什么“井陉拉花”能蜚声中外。那是在 2012 年春节过后，我去井陉办理一个交通事故案件。因为是上午开庭，所以我在开庭前一天就赶到了井陉。法院位于县城城乡接合部，我租住的宾馆就在法院附近。晚上，附近的村委会为庆贺新春，邀请井陉县拉花艺术团来演出。我本来是抱着看热闹的心情随意前往观看一下的，孰料节目很精彩，马上就吸引了我。更让我佩服的是，演员演得非常认真。尽管天寒地冻，又是露天舞台，但是演唱《荷塘月色》的女演员为了映衬夏天的歌词情景，硬是穿着薄如蝉翼的裙子出演。男演员穿着笔挺的西裤，候场时就一直站着，我事后问一个

男演员为什么不能坐一坐，他说如果坐下来，可能会把裤线弄褶皱了，不好看。演出场地门可罗雀，加之在寒意侵袭下，仅有的几名观众也陆陆续续离场。我顶着料峭的寒风坚持到最后，发现演员始终在认认真真地演出每一个节目，哪怕到最后拍手鼓掌的只有我一个，他们也坚持认真演完。做律师需要的就是这种心无旁骛、精雕细刻的“工匠精神”。

第二节　寻找适合自己的律师事务所

做律师要迈出的第一步是什么呢？良禽择木而栖，开启律师职业历程的第一步就是要寻找一个适合你的律师事务所。律师事务所种类繁多，从规模上来讲，有大所与中、小所之分；从专业方向来看，有综合所与专业所之别。刚出道的准律师到底选择什么样的律所为好？且听我慢慢道来。

一、大树底下好乘凉——大所的优势所在

大型律师事务所的优势还是比较明显的，有大牌律师，有很高的知名度，有很多接受媒体采访的机会，有丰厚的社会资源。如有机会进入大型律师事务所，的确是个不错的选择。但是，这类律师事务所分工比较精细，新手难有全面锻炼的机会，或许干上一年半载还是在做同一件事。

二、萝卜青菜各有所爱——小所也有引人入胜之处

小型律师事务所也同样有不可取代的吸引力，人员稀缺，门槛较低，新手锻炼的机会多，常常是一个律师只有一个助理，甚至几个律师共用一个助理的情况也不足为奇。因此，虽然小型律师事务所的培训机制没有大所健全，但是实务的操练机会往往比大型律师事务所多。当然，小型律师事务所的缺陷也是显而易见的：资源没有大型律师事务所丰富，接触优质客户的机会相对较少，管理上也没有大所规范。

三、绕树三匝，何枝可依——适合你的就是最好的

不管大所还是小所，适合你的就是最好的。根据自身情况，我觉得从以下角度去寻觅适合你的律师事务所，或许能有所斩获：

第一，有好的律师带你。

这是你选择律所时最值得考虑的条件。过来人都有这样的体会：第一个带你的律师给你的影响最大，有时这种影响甚至是终身的！因为这时你还是一张白纸，第一个师傅给你什么——无论是好是坏，你都能接受，而一旦接受了就根深蒂固，很难更改。记得我的第一个师傅在修改我写的起诉状时，将我写的“判令诉讼费由被告承担”修改为“判令被告承担本案全部诉讼费用”，并将宋体四号字改为仿宋三号字，说是与判决书的标准字体接轨，让法官看着舒服。我觉得师傅说得很有道理，自此我的起诉状都是这么写的。有次我看到一位律师的辩护词这样写：本律师接受被告人家属某某的委托，担任被告人的辩护人。我告诉他，虽然实际上是你接受当事人的委托，但是律师事务所与被告人家属签的合同，正式的文书应当说是律师事务所接受被告人家属的委托，指派律师担任被告人的辩护人。他说从刚入行到现在一直是这么写的，我有点惊讶他还犯这种错误。

好的指导律师的标准是什么？在我看来，不外乎“专业规范，诲人不倦”这八个字。这里要特别强调规范。律师是充满风险的职业，只有处处规范自己的行为，才能获得执业安全。一个不讲规范的律师，很可能从一开始就把你带上歪路。另外，指导律师的专业水准也不可忽视，如果水平太差，不仅影响你目前的进步，甚至可能给你的职业生涯带来长久的负面影响。

第二，律所的专业定位适合你。

随着律师业的迅速发展，律师的专业化倾向越来越明显。因此，执业之初就得考虑将来的专业方向。如果能找到一个专业特色与你个人将来的专业发展方向相一致的律所，那就再好不过了。这样的律所将给你一个更好的发展平台和发展方向。比如，你对刑事案件感兴趣，而你找的律所又恰好有刑事业务部，有专业的刑事律师团队，那你就像中彩票一样幸运，接下来就是尽快融入该团队。

第三，有最低的保障（工资或案源）。

刚做律师助理，首先要解决的是自己的生存问题，然后再谋求发展，所谓一

求生存二求发展。做律师伊始，固然要有把律师当作事业来做的雄心壮志，但也要解决吃饭这个现实问题，所以你必须找一个有基本收入的律所来解决生存问题。这个收入可以是固定工资，也可以是工资加提成或者律所里能给你提供足以维持生计的案源，够自己在吃饭、房租、交通、通信方面的开销。

第四，发展目标契合你的职业理想。

这就要看这个律所能给你提供什么样的平台。有的律所给你开的工资不高，但因该律所知名度很高，有广泛的人脉（如与媒体有良好的合作关系、固定客户较多等），能给你一个充分发展的空间，像这样的律所，你要毫不犹豫地进去，这对你日后的成长至关重要。反之，进一个与自己发展目标格格不入的律所，就算待遇不错，你也会觉得难受。我在做助理时就曾进过一家有 60 多个执业律师的大所（现在看来这种律所在北京只能说是中等规模），该律所实行公司化管理，像流水线似的，每个人负责一个环节的工作，有的负责谈案子、有的负责写诉状、有的负责整理立案材料、有的负责到法院立案、有的负责开庭。而我干跑腿的活儿——到法院立案。一个月下来，每天除了跑法院立案，就没有别的活儿。我多次与主任商量能否派点别的活儿，得到的答复都是一样的：你就干这个活儿，能干好这个就不错了。我干了一个月，再三思索，觉得继续干下去的话，除了立案，我什么也学不会。虽然当时找一份工作很难，但我还是选择离开了那个律所。

对于刚从法学院毕业的法律人，首先是要找到一份工作，尽快进入状态。走上工作岗位后，你的兴趣与发展目标完全有可能随着你所在律所的专业特色与发展目标而改变。此外，工作一段时间之后，如果发现这份工作确实不适合你，再考虑换一家律所也不迟。这时候你有了一定的工作经验和面试经验，找一家新律所相对较容易些。但我一般不赞成频繁跳槽，跳来跳去不仅会给别人留下不踏实工作的印象，也会破坏自己长期稳定的职业发展目标。

第三节　如何成功通过律所面试

攻略之一：做一份突出个人特色的简历

做一份有特点的简历，让主考官眼前一亮，确定这个岗位非你莫属。有人在简历的包装上大做文章，又是做彩页又是套塑封，极尽奢华之能事，却很少在文字内容上下功夫。我觉得这种华而不实的作风不可取。我也深信多数用人单位不会太在意简历的包装，更重要的是我们要找出自己身上与众不同的东西，以此为切入点，才能增加你的就职筹码。

当年我找工作时，可是费尽周折。起初在网上下载一个模板，填上一些个人情况，做出了一份普通得不能再普通的简历，看见写字楼就进去，在大堂的水牌中找律师事务所，然后上楼一家一家地投递简历，可是没有一家有回应的。开始我没有从简历中找问题，只是认为自己的自考文凭不够硬，缺乏核心竞争力，以致连面试的机会也没有。后来听一位朋友的指点，说我高考落榜后开始自谋生计，然后用打工所得上学，最终考取律师资格，这苦心励志的阅历本身就是一笔宝贵的财富，也是吸引用人单位的一个亮点。这位朋友还劝我，不要觉得丢人，这恰恰说明你在意志品质和努力上进方面有过人之处，突出这一点或许能收到意想不到的效果。所谓一语惊醒梦中人，听朋友这么一说，我也觉得挺在理的，于是就在简历上突出自己坎坷的阅历和自强不息的奋斗精神，也谈了自己对做律师的一些基本看法。也许是机缘巧合，简历修改后果然收到奇效，投递不到一周，就有两家律师事务所打电话来通知我面试，并成功被其中一家录用。

攻略之二：知己知彼，百战不殆——详细了解招聘单位的具体情况

有道是知己知彼，百战不殆。只有详尽了解招聘单位，洞悉其经营理念、专业长项以及对应聘人员的要求，投其所好，有的放矢，才能提高你的面试成功率。有的在招聘信息中已列举了应聘条件，但我建议还是要进一步了解该单位的详细情况。如今信息渠道多而畅通，多方位了解就能获得最新、最准确、最有用的信息。

攻略之三：预先设计问题，不打无准备之仗

面试中经常遇到的问题有：你对律师业有什么看法？你为什么要做律师？你的强项是什么？你为什么来应聘这个岗位？你对这个岗位有什么看法？这是一般性的问题，多数应聘者都有所准备，还比较好回答。也有些负责面试的人出一些不常见的问题，让你猝不及防。例如，听说有位著名节目主持人曾在面试时遇到过一个问题。当时有个主考官突然问她：你敢不敢穿比基尼？这是个不好回答的问题。说敢吧，人家说你太开放。说不敢吧，人家又难免说你太保守。这位主持人当时灵机一动，说这不是敢不敢的问题，而是合适不合适的问题，有些衣服只能在合适的场合穿。这就是一个高水平的反客为主式的回答。我在面试时就曾遇到过此类问题，主考官在问完上述一般问题之后，忽然话锋一转，问我：你认为你的最大缺点是什么？这个问题完全出乎我的意料之外，而且还特别棘手，怎么回答都不是。我当时笑着对他说，我这个人毛病比较多，得让我想想哪个是最大的毛病。趁此缓冲机会，抓紧思考，最后，我作出一个至今想起仍感到满意的回答：我觉得我的最大缺点是坦诚，这对朋友来说是优点，但在竞争对手面前容易过早地暴露自己。我现在发现了自己的这个缺点，在今后工作中就尽量避免，或许在某些场合还能将这个缺点转化为优点。现在有的考官还往往问一些诸如“你父母的生日是哪天？”“你多长时间与父母联系一次？”之类的问题来考察你的孝心、人品，对此亦应有所准备。

攻略之四：养成守时的好习惯，千万别迟到

守时是无论哪个行业的人都必须养成的好习惯，这关乎一个人的基本素养问

题。为了给人留下守时的深刻印象，同时也为了让别人守时，我现在约人基本不定在整点整分，而是以我的幸运数字6为尾数，如约下午五点见面的，我一般定在四点五十六分，或者五点零六分见。这个效果非常不错，别人一看就觉得你不仅是个守时的人，也是个特别忙碌的人，一般不会轻易迟到。

迟到会给人留下不认真、不靠谱的印象，有的甚至会因为迟到而错过面试的机会。任何所谓堵车、迷路之类的理由都在面试的时候摊不上桌面。如果你拿这种理由说事，别指望用人单位会给你一席之地。

当然也别过于早到，太早到面试单位，坐在那里干等，不仅会增加自己的紧张情绪，也会给招聘单位的安排增加负担。我觉得提前15分钟到比较合适，如果你拿捏不准途中时间，就尽量早点出发，到单位发现时间尚早，不要马上过去，可在大堂或周围找个合适的地方稍事休息或溜达。最重要的是进单位面试前一定要到卫生间照照镜子，看头发是否凌乱，领带是否齐整，鞋子是否干净。

有了这些准备，你就可以放心地去面试了。

第四节　初入职场的困惑与出路

你终于能在一家律师事务所上班了。可是且慢，上班第二天这种美好的感觉就可能被各种无形的压力所代替：对指导律师交代的任务无从下手，眼巴巴看着厚厚一堆的案卷材料，苦苦思索仍不得其解；书本上的法律知识与生活中需要解决的法律问题无法对接，有的甚至相去甚远；不会使用办公设备，甚至连简单的传真、复印机因没有操作过，也得求助他人；在学校早已习惯的有规律的午休被短暂的午餐时间所替代；不熟悉周边交通环境，出门办事找不到方向；人际关系不熟悉，别人表面对你客客气气，心里却犯起嘀咕，让你有苦说不出；有些事情并非你之过，但往往冲你撒气，想找个地方哭泣，却发现你根本没有这样的机会；这是很多初入职场的实习律师所要面临的现实问题。眼看周边的同事都忙忙碌碌，而自己却有劲无处使，茫然无措。

出路之一：摆正心态，理顺关系

进入律所首要的问题是摆正心态，冷静应对，以小学生好学敏求的姿态尽快融入律师团队中。

在大律所，你的团队主要是你所在的那个部门，如刑事业务部、公司业务部、知识产权部，等等。在这个团队里，除了你的指导律师之外，其他律师和助理都是你的老师。在小律所，可能没有明确的专业部门，整个律师事务所都是你所在的团队。无论在大所还是小所，关键是以礼貌热情的态度和踏实勤干的工作作风来赢得别人对你的尊重。上下班时主动与人打招呼，遇到不懂的问题多虚心向人请教，看见别人有困难时要主动帮忙，对于像给饮水机换水、打扫卫生之类的小事主动点、勤快点，准保没错。心诚则灵，只要你的诚意到了，自然就会成为受欢迎的人。记得当初我刚到律所上班时，也不知是什么原因，行政小姐姐总是看我不顺眼，我主动打招呼，她也爱搭不理的，每次上班看见她都很别扭。开始我也不太情愿主动改善关系，心想不就是个前台嘛，你不理我，我也不理你。但到后来，我感到不改善关系不行，因为我觉得心里别扭，更重要的是许多实际工作需要彼此配合，如外面寄来的快件需要她代为签收、电话需要她转接、电脑有小故障需要她修理，等等。有一次，看见她要换饮水机的桶装水，我就主动上前帮忙，并用轻松的语气对她说，这种事情不是女孩儿干的，以后有什么体力活，招呼我一声就行了，保证随叫随到。她立刻就改变了之前对我那种莫名其妙的态度，此后一直对我保持足够的热情。再后来我调离那个所时，第一个请我吃散伙饭的便是她。人与人的关系有时很微妙，难以言表。市面上以为人处世相标榜的书籍多如牛毛，但在我看来，无论多么复杂的人际关系，最核心的就是一个“诚”字，所谓“精诚所至，金石为开”嘛。

只有关系理顺了，你才能融入团队中，工作起来才能左右逢源，相得益彰。这是融入团队的第一步，以后更为重要的是要以勤奋高效的工作来赢得他人的尊重，赢得你在团队中的位置。

此外，一定不要在办公室上网聊天或打游戏（电脑上挂着个聊天或游戏页面总是会给同事留下无所事事的印象，给当事人留下不正规的感觉）。尽量少打私人电话，多打招呼，以一个学徒工的姿态虚心地向人请教，不仅对律师要尊重，对行政人员以及还没有取得法律职业资格证书但比你先来的助理也要给予同样的尊重。

出路之二：熟悉环境，从小事做起

先熟悉单位周边的地理环境，你所在的律师事务所处于哪个大方位？周围有什么标志性建筑物？有哪些公交、地铁站口？开车怎么走？附近的停车场、银行、邮局、宾馆、饭店有哪些？停车场每小时的停车费是多少？附近宾馆住一晚需要多少钱？

然后再熟悉与你的工作有关的环境，包括公、检、法、看守所、市场监督管理局、交管局、房管局、司法局、律协等各机关、组织的办公地点，这些机关都是律师常去的地方，也属于律师的工作环境。要注意的是，有些单位的职能部门不一定在单位大院里头，如公安局预审处往往设在看守所，市场监督管理局的档案查询中心也可能单独设在某个地方，等等。你在出发办事前，最好先上网查清楚，或者打电话问清楚。当然，所里有同事去过这些地方办事的，向他们咨询最为有效。他们兴许还会告诉你这些单位实际的上下班时间，甚至告诉你某些办事员的秉性及应对之策。

别小看这些细枝末节，它可是你指引客户的重要资本，如果你对开车来你所里的客户无法说清具体位置，连看守所的门都不知道朝什么方向开，不知道在你所周边有哪些银行，很快就会让人感觉出你是菜鸟级律师，大大影响你在当事人心目中的位置。十几年前，曾有律师给当事人说错银行名称，导致当事人带错银行卡，结果因无法提取现金支付律师费而耽误了一笔业务。现在虽然有网银、支付宝、微信等多种支付手段，这种极端情况不大可能发生，但是类似的事情却有可能再次重演。

出路之三：学会倾听，明确目标

在上小学语文课时，老师一直强调“听、说、读、写”的重要性，并且把“听”放在首位，可见“听”之重要。但随着岁月更替，当一个人由孩子逐渐变成成年人时，却很少再被强调“听”。其实，我们民间百姓还是很讲究听的，有一句俗话说得好：会说的不如会听的。就是说，听清楚后再作应对，比主观臆断、信口开河或者自说自话更有针对性。对于一个执业律师来说，“听”也是一项不可或缺的基本功。接待当事人、法庭辩论、讨论案情莫不以听为先导，听清了对方说话的要点，你才能应对、释疑、辩论。对方说了一大堆，你要在听的过程中去总结、提炼，明白其核心意思是什么，然后有的放矢地予以回应。在你的指导律师给你布置任务时，更需要仔细聆听，明白你的工作目标和任务。

出路之四：乐于助人，勤动手脚

当助理不要怕吃苦，最怕的是无所事事。勤快点，多做些事，不仅不吃亏，反而给你练手的机会。干别人的活，学会自己的功夫，用心揣摩，日积月累，终有所成。这是过来人给初学者的一个切实的忠告。

出路之五：找准切入点，干好师傅交办的第一件事

第一印象总是最重要的，对于师傅交办的第一件事，要格外上心。办好这件事，不仅能让师傅对你刮目相看，而且能有效增加自信心，找到做律师的第一感觉。如果事情没办好，可能要花很长一段时间，通过几件事情才能改变师傅对你的印象。

第二章

苦练内功，渐入佳境

——内强素质，外树形象

第一节　咨询接待能力

一、举止儒雅，有条不紊

举止儒雅、谦和有礼是律师的基本素养。律师是个有很高知识含量的行业，在当事人心目中，律师是标准的白领，是社会精英，西装革履、举止儒雅、文质彬彬几乎成了律师的标配。无论你平时穿衣打扮、行为举止多么富有个性和创意，但在律师职场上，你就得按“白骨精”（白领、骨干、精英）的标准来装扮自己，建立他人对你的信任。

咨询接待是律师业务的第一步，与律师有关的任何项目，无论是诉讼案件还是非诉讼项目，无不从咨询开始。当事人只有在咨询中从律师那里得到满意的解答，获得良好的印象，才能把案件或项目交给律师办理。满意的咨询接待是成功签约的开始，只有顺利地拉开咨询接待这个序幕，委托代理大戏才能登台开演。如果连咨询接待这关都没有做好，后面的也就基本没戏了。

当事人寻求律师帮助，往往是因为办事时碰了钉子，或者在争议对方那里受了窝囊气，希望能从律师那里得到热情礼貌的接待。律师的热情礼貌使当事人感觉到律师是自己人，是为自己服务的，是可以信赖、可以托付的人。这样他才能放心地把案子交给你去办。

有一位年近花甲的老太太，她的儿子涉嫌职务侵占被警方拘留。老太太去看守所送衣物和现金时，看到看守所门口办进门登记手续的人排起了长龙，鉴于有多次在公共场所老人优先的生活经验，老太太径直走到窗口问保安，能否给她优先办理。一位五大三粗的保安很不耐烦地呵斥老人：“去去去，排队去！到这里谁都一样，没有什么照顾不照顾的！”老太太排了半天队，好不容易进了大门，到家属存钱存物的接待处，又排了40分钟队，眼看要轮到自己了，但工作人员却说下班时间已到，还没办理的明天再来。老太太一看墙上的挂钟，才四点半啊，怎么就下班了呢？工作人员说我们要赶回城的通勤班车，就是四点半下班的。老太太据理力争也无济于事，只好第二天起个大早再来一趟。受尽窝囊气的老太太来到我们律师事务所向我咨询，前台礼貌地把她迎到洽谈室，端茶倒水，我热情地接待了她。她在巨大反差的对比中，认可我这个律师是诚心给她办事的，当即决定把案件委托给我做。

有个别所谓“大腕”律师对小客户另眼相看，这让我有点纳闷。我觉得案件无论大小，只要你接受了当事人的委托，就得用心去办。如果你觉得他不是你想服务的客户，就不要接这个案子，还有其他律师愿意去做。

接待有条理也很重要，当事人那边往往是着急忙慌、语无伦次的，但是律师这边必须有条不紊，既热情有礼，又从容淡定。如果当事人是电话预约来访的，最好先大致了解一下案件轮廓，至少要知道当事人是来咨询哪方面的问题，然后找找相关法律规定，或上网了解相关资讯。比如，当事人是要过来咨询房产纠纷的，而你自己没有买过房子，也没办理过这方面的案子，你就得先了解房屋买卖的基本程序。如果你对这些基本的程序一无所知，当事人在叙述案情时，你一脸茫然，那当事人肯定还没等你开口就想拔腿走人。眼看到手的案子跑得无影无踪，内心的挫败感一定会让你难受好几天。

谈话结束后，无论多忙，一定要把当事人送到电梯口，等电梯门关上再离开。送客本身也属于律师接待工作的一部分，接待礼仪看似小事，实则当事人利益无小事，律师的一举一动都关系到形象问题，千万不可掉以轻心。

二、认真倾听，让当事人把“冤屈”诉完

来找律师咨询的当事人，多半都觉得自己亏得慌，比窦娥还冤，总想找人诉说一下。见到律师这样的专业人士，更是觉得找到了救星，不吐不快。作为律师，切不可匆忙下判断，更不要着急说当事人的不对之处。你不妨专心倾听，先让当事人把“冤屈”诉完。当然，适当的时候还是要予以一定的引导，避免当事人把律师当成诉苦对象，说太多无关的细枝末节，冲淡叙述案情的主题。倾听的好处

是，一来你能详细地占有材料，完整地了解案件的全过程；二来能让当事人尽情倾诉，排解怨气，消解胸中块垒。当事人心绪平稳后才能理智地委托律师。根据马斯洛需要层次理论，每个人都有爱和归属的需要。我们需要归属某个群体，与群体中的其他成员一起分享快乐和幸福，一起承担痛苦和忧愁。这种爱和归属的需要是通过沟通来满足的。当你在耐心倾听时，就是将自己置于与诉说者同样的位置上，让他有一种归属感，觉得你与他心连心，同喜同悲，他的苦忧与怨气有一个很好的排解渠道，气顺了，心也就静了。可以毫不夸张地说，律师认真倾听，消弭当事人的不满情绪，也是对构建和谐社会的一种贡献。

2008 年暮春时节，有位因债务纠纷来向我咨询的女士，进到我的办公室，还没说几句话，就泪流满面，泣不成声。我给她沏了一杯茶，专心地听她讲完故事。原来她与爱人 20 世纪 90 年代初下海经商，从经营早点铺起步，经过小两口努力打拼，一步一步做成餐饮业的品牌，开了几家分店。两人在高档小区还买了一套大面积的复式公寓。可惜好景不长，发迹后的先生没有用良好的个人修为来坚守财富。面对花花世界的各种诱惑，一步一步堕落下去。整日沉沦的先生无心打理业务，生意一落千丈。债主们纷纷上门逼债，两口子先卖车后卖房，都补不上巨大的债务窟窿。最后，走投无路的先生竟然把孩子积攒多年的压岁钱席卷一空，携款潜逃。该女士感到生活一落千丈，个中苦楚还无法向人诉说。我听她讲完生活故事，也唏嘘不已，安慰她留得青山在，不怕没柴烧，一切尚可从长计议。她很感激我，让她得到了一次尽情的释放。她说自己很难向其他人尽情倾诉，别人也不会在意她的故事，很少有人专心听她讲完。之后我成了她很信赖的朋友，她大小事情总爱问我，要我帮她拿个主意。

在与当事人交谈时，不要给别人打电话，接电话时也尽可能简短些，以示对当事人的尊重。不停地打断别人的谈话，或者中途长时间接打电话，都是没有礼貌的表现。

三、耐心解答，做好心理抚慰工作

接待咨询是件烦琐的工作，经常会碰到喋喋不休的当事人，如果时间允许，一般不要轻易打断对方，让人家把话说完。如果时间有限，则在谈话中适时引导当事人围绕案件主题展开。如上所述，当事人在律师面前有倾诉的需要，律师对当事人还可起到心理疏导的作用。这种专业疏导再辅之以适当的人文情怀，比一般的心理医生还管用。律师在倾听之后，更重要的是要作出专业解答，给忐忑不安的当事人指条明路。

当事人往往是遇到麻烦事才火急火燎地来找律师，在找律师之前也曾有人给他释疑、支招、安慰，但由于不是专业人士的意见，总是不得要领，有隔靴搔痒之感。而律师是法律专业人士，你应该给他提供专业、权威的解答，让当事人吃透案情，无论是好是坏，都让他放心。

2010 年 1 月底，王先生的弟弟因涉嫌非国家工作人员受贿罪被警方拘留，时近春节，王先生急得不行，几经辗转，王先生找到我，问我能否保释他弟弟。我说在没有见到他弟弟本人并向警方了解情况之前，任何人给你做的任何承诺都是不负责的。当务之急是请专业律师会见其弟弟，摸清情况，然后看是否符合取保候审的法定条件。王先生觉得我说得靠谱，当即委托我到看守所会见他弟弟。通过会见，我了解到王先生的弟弟开始是被警方以协助调查的名义带走的，他并没有卷入案件深处，如果他说的属实，只能把他释放。我建议王先生静观其变，不要做无谓的付出。

由于有专业律师的引导，王先生一直比较放心，后来事情的发展果然不出所料，警方于春节前一天作出撤销案件的处理，放了王先生的弟弟。

律师执业有其独立性，不完全受制于当事人，但又不能超然于当事人的利益之外。如果一个律师能以悲天悯人的情怀对当事人的疾苦发出痛彻肺腑的关心，那他一定能获得当事人的信任，进而更能获得成功合作。

四、掌握方法，结合当事人情况解答问题

倾听完了，别急于答复当事人，先用简要的语言概述一下案件的主要内容，确定有没有遗漏重要的事实，对重要的事实有没有误解。然后聚焦案件关键问题，找到适用的法律法规，提出切实可行的法律解决之道。在解答问题时，既要用法言法语，也要考虑针对不同的当事人，有选择地使用他能听明白的语言。如果能用当事人所从事的行业中的某些行话来解释法律问题，就最好不过了。

有位当事人就其与弟弟房产之争来咨询我，他父母还在世时，曾就两处房产做过分家析产的处分。分家单标明，哥哥分得父亲名下的一套三居室住房，弟弟分得母亲名下的一套两居室住房外加父母的20万元积蓄。分家单一式两份，上有父母、兄弟四人的签字。这种分家方案本来是很公平的，两处房产位置相当，在当时房价较低的年代，父母用20万元补偿弟弟的两居室确实找对了双方的平衡点。当时各方均无异议。10年后父母去世，房价一路飙升，翻了两番。弟弟心里就不平衡了，此时又得知哥哥丢了分家单，于是趁火打劫，隐瞒了多得20万元的事实，起诉哥哥，要求按法定继承均分两套房产。哥哥接到诉状郁闷至极，问我这个官司胜算如何，我说关键是能否找到分家单，如不能找到，能否再找到其他证人或者弟弟承认如此分家的录音（很可能弟弟在与哥哥协商时，承认有过这样的分家单，只是后来觉得不公平要求重分）。这位平时思维缜密的当事人此时却有点犯迷惑了：难以找到这样的证据了，但事实就是事实，真的假不了，假的真不了。我跟他解释，法律上的事实与客观事实不一定完全吻合，客观事实只有以证据为载体才能上升为法律事实，进而得到法官的支持。他还是不明白，说法官一定能够明察秋毫，弄清真相的。我最后想到他是学哲学的，就从认识论的角度谈本案的诉讼风险：马克思主义认识论告诉我们，认识有至上性的一面，也有非至上性的一面，特定时空范围内的认识，不一定能认清全部事实真相。诉讼有期间限制，在有限的时间内，又受特定的庭审现场的空间限制。在我们举证不能，对方有律师指导或自身深谙诉讼技巧的情况下，好多真相就有可能被掩盖，这样我们就要承担不利后果。通过如此这般置换话语体系的解释，这位当事人总算完全明白了我的意思，转变了思维。

五、见面地点的选择很重要

最理想的接待环境当然是在你的律师事务所，这要比在麦当劳、星巴克或者宾馆、酒店显得正规，同时也有机会让当事人了解你的工作环境，强化你的律师身份。此外，也可考虑到当事人所在的小区或单位，只是到人家那儿，不要随便使用人家的办公用品，尤其记住不要使用当事人的电话和电脑。这关系到律师形象的问题。所以出门谈案，随身携带笔记本电脑很重要。

第二节　成功签约能力

签约能力是律师的硬功夫，也是律师承接业务得以生存发展的关键。没有案源，你有再高强的办案能力，也如同巧妇难为无米之炊一样。同样的当事人，同样的案件，同样在咨询时给当事人以圆满的解答，但最终只有一部分律师能与当事人成功签约。有的律师做案子有一套，但不善于谈案，签不下来合同。成功签约的关键何在？

一、良好的业务能力与丰富的办案经验

这是律师的看家本领。在与当事人洽谈的过程中，如果法律法规熟稔于心，并能运用到所谈的案件上来，给当事人一套超乎其想法的法律解决方案，这是律师成功签约的关键所在。此外，当事人特别在乎你是否有类似案件的办案经验，所以，你的办案经验将极大地增加你在当事人面前的分量。

二、善于梳理法律关系，提出切实可行的多样化法律解决方案

律师要解决的，常常是一般人解决不了的问题。有些看似无解的问题，到了有经验的律师那里，常常能独辟蹊径，通过深入思考，转换思路，找到解决问题之道。有位大学教授因心脏病猝死，兄弟俩对父亲的银行存款和基金股票归属产生纠纷，哥哥几经辗转找到我，希望能帮助他早日解决。我给支了招，一招是双方坐下来调解，显然当时这条路走不通了。另一招是按法律规定走继承诉讼，最终法院调取了被继承人（他们父亲）的银行存款及基金、股票情况，通过诉讼的方式，他们明确了父亲的全部遗产归属并成功地实现遗产继承。当

事人十分满意这个案件的结果。

三、合理的报价是"俘获"当事人芳心的最有效手段

当事人打官司最常见的还在于利益之争，所谓"不蒸馒头争口气"，多是气话。既是利益之争，就有个成本核算问题：律师费、诉讼费是当事人的最大诉讼成本，因此，律师的报价是否合理也就成了签约能否成功的一个关键点。

应参考哪些因素来报价？怎样的报价才是合理的？根据本人经验，我认为可以结合如下因素，提出合理报价：一是案件争议标的大小。这是关系到律师能为当事人争回多少利益或避免多大损失的主要依据。二是案件难易程度。有些案件标的不大，但办案难度大，如证据不全，需调取证据。有的案件复杂，需请教有关专家或集体研究，动用律师的人脉资源，这些都应成为衡量律师收费的依据。三是是否需要出差办案。外地案件或需要到外地调查取证的本地案件，需要出差，必然要耗费律师更多的时间，律师的办案风险也相应要大些，收费要适当高些。四是当事人的经济状况。对弱势群体要适当减免费用。五是律师本人的业务能力、知名度和目前业务量的大小。

四、善于沟通，把话说到当事人心坎儿上

与当事人找到共同点，产生共鸣，让当事人觉得你是值得信任，能放心托付的人。有时候，往往一句切中要害的话就能拨动当事人的心弦，达到意想不到的沟通效果。曾有一位研究古典文学的沈教授，因邻里纠纷找到我。他家与邻居因院墙位置问题自打祖父辈起就发生过争执，后来双方祖父在街坊见证下就院墙位置达成书面协议，约定双方院墙之间的距离为一米半。自此双方一直相安无事。不承想，到了他们这辈，邻居却趁沈教授赴国外探亲擅自把院墙往中间挪了半米，原来一米半的过道只剩一米了。推自行车进出极不方便，严重影响了自己的通行。多次协商无效后，沈教授想起诉对方，认为祖辈手上处理得好好的事情，到自己这里却被人欺负了，咋想咋不舒服，心里很是愤愤不平。听了他的叙述，我跟他似认真非认真地说了句："说句稍带夸张的话，真是愧对列祖列宗啊！"就这看似不经意的一句玩

笑，却触动了他内心深处最敏感的一根弦，他感到最憋屈的地方就是觉得自己对不起祖先。被我一语点破，他立即视我为知己，并下定决心将官司打到底。

五、经验就是财富，代理过案件的判决书是你成功签约的“硬通货”

诉讼能力除了你在学校学来的法律功底以外，更重要的是来自诉讼经验。如果你在律师指导下，办过这方面的案件，有实际办案经验，谈起案件来就游刃有余，那更能取信于当事人了。你作为代理人办理的类似案件的判决书、调解书是你谈案成功的“硬通货”。

六、留有余地，别把话说满

你在给当事人咨询时，接触到的材料是有限的。如果案件还没起诉，你可能只接触到你这方当事人的材料；起诉之后，如果没有做证据交换，你的当事人也可能只得到对方一部分的材料，甚至什么材料也没有。材料不齐，再加上只是听一方当事人不免带有一定主观色彩的陈述，想要得出一个完整无误的结论是有难度的。此时此刻，为了接下一单业务而大包大揽，无异于为日后与当事人的业务交往中埋下一颗炸弹。留有余地，既是为了保护自己，也是为了让当事人不要对诉讼抱有不切实际的期许。

有的官司表面看来是稳赢的，但也有可能潜藏败诉的风险。

既要给当事人以信心又要给自己留有余地，切忌夸海口，大包大揽。否则就可能还没解决当事人与对方的纠纷，自己却与当事人闹上了纠纷。案件要谈下来，又要给当事人必要的风险提示，如何拿捏好这个分寸，真难以言说，只能靠自己磨炼。

关于业务洽谈，最后需要再说的几句话是，在与当事人谈话时，要俯下身来以平等姿态倾听当事人的叙述。从专业知识来看，你是行家里手，人家找你办案，似乎有求于你，但你别忘了，你不是免费提供法律服务的，当事人是要给你支付对价的。如果你能设身处地为当事人着想，为他排忧解难，出谋划策，那就容易取得当事人的信任。那种就事论事、冷漠无情或者装腔作势、“公事公办”的律师则多半会被当事人反感。

第三节　研究案情能力

一、抽丝剥茧，找出问题所在

在听完当事人的陈述，接到当事人提供的材料后，律师的首要任务就是研究案情，找出案件的法律关系、焦点所在，然后据此提出法律解决之道。当事人给你的材料往往是杂乱无章的，你必须从这堆材料中，通过去伪存真、去粗取精、剥茧抽丝般的法律功夫理出头绪，找准法律关系，进而提出具有可操作性的法律方案。

实习律师应在指导律师的帮助下，尽快提高研究案情的能力。在集体讨论案件或向律师请教案件时，能条理清晰地叙述案情，提出案件的重点与难点，独立发表见解。这就要用心观察，开动脑筋，看看经验丰富的律师平时是怎样解决类似法律难题的。

二、转换思路，另辟蹊径

有的问题按常规思维很难得到妥善的解决方案，但若转换思路，剑走偏锋，则往往有意想不到的收获。比如，有个房屋买卖合同纠纷案，买方与卖方先后签署两份合同，先签这份是买卖双方及房产中介三方签署的《房屋买卖三方合同》（以下简称三方合同），三天后，按北京市房管部门的相关强制性规定，为防止卖方“一房二卖”，买卖双方又签署一份《存量房屋买卖合同》（网签合同），两份合同关键条款一致，但最后关于争议的解决方式不同。三方合同约定的是向中国国际经济贸易仲裁委员会提起仲裁，网签合同约定的是向房屋所在地人民法院起诉。合同签订后，买方依约交付定金和首付款，卖方看到房价直线飙升，却违约不卖了，拒不协助办理贷款及过户手续。买方万般无奈，只好启动法律程序。作为买方的律师，首先要考虑的问题是，如何有效地确定管辖并成功立案，同时防止对方异议成立。因为无论提起仲裁还是诉至法院，对方都可能提出管辖异议，而且房屋所在地法院和中国国际经济贸易仲裁委员会立案审查都非常严格。集体讨论案件时，都倾向于起诉到法院（能为当事人大幅度节约诉讼成本，本案仲裁费比诉讼费高得多），但如何避免三方合同约定仲裁条款的案件不被受理，且立案后又能较好地防止对方异议成立，几番讨论后都没能找到合适的方案。后来有个律师提出，在诉状中先不提三方合同，只按网签合同起诉，到庭审时再拿出这份三方合同作证据使用。我觉得这个思路很不错，后来循此思路推进诉讼，果然取得预期效果。

三、精准的事实判断与合理的法律适用

案件分析主要可划分为事实判断和法律适用两大块。首先确定案件事实，这又包括法律事实和客观事实两部分。当事人给你陈述的，肯定是他认为的客观事实，也就是实际发生的案件事实。这些事实能否经得起法律检验，就靠证据了。客观事实只有以证据为载体，才能上升为法律事实，进而得到法官的支持。庭审中，法官往往有这样的感觉，明明知道一方陈述的是可信的事实，但因证据不足，法官就是内心确认你说的是真的，也无法支持你。律师在分析案情时，先要确定哪些事实是案件基本事实，与争议焦点密切相关；哪些是一般性问题，与争议焦点关系不大。其次再确定哪些事实有证据支持，证据的证明力强弱如何；哪些事实没有证据或证据不足，需要补充。

理出事实头绪，接下来就是法律适用问题。同一事实适用不同的法律，就可能得出不同的结论。有的案件，双方对事实部分没有争议，但在法律适用上却各执一词，针锋相对。

四、两害相权取其轻：优劣取舍，风险防范

有的案件有多种应对方案，且各种方案都存在优缺点，都有一定的风险。此

时就得遵循“两利相权取其重，两害相权取其轻”的原则。比如，在对方存在证据优势的案件中，如果把主要精力放在无谓的对抗中，未必是最好的选择。此时可考虑重点分析调解的可行性，研究双方都能接受的调解方案，让自己代理的一方减少损失为妥。又如，一个只掌握在自己当事人手里的证据，即既有利于证明己方的观点，也可能被对方用来反驳己方或者证明对方的观点，这种情况在诉讼中是经常遇到的，此时就需要仔细考量出示该证据的利弊。如利大于弊，则可出示；反之，则不轻易出示。

第四节　查阅资料能力

一、建立自己的法律资料库

查阅资料包括法律资料和相关专业知识资料。既包括法律也包括司法解释、行政法规、地方性法规、地方政府规章、部门规章和其他规范性文件。平时在办案或上网浏览、看报时一定要多留意一下，看到日后较有可能用得上的法律文件或经典案例时，把它分门类别地保存下来。天长日久，日积月累，必有所获。平时资料积累的过程，也就是日后你成为某一方面专家的过程。

经典案例的搜集也不可忽视，我国虽然不是判例法国家，但是经典案例，特别是进入最高人民法院选编的案例，对于审判实践的指导意义还是不容小觑的。这种指导意义，对于疑难案件，尤其是新兴领域的案件尤为明显。如果律师能提供这方面的经典案例，通过以类似案例的说理方式来论证案件，有助于自己的观点得到法官支持。

二、办理专业案件，积累相关专业知识

在办理专业性较强的案件时，往往涉及相关专业知识，如办人身损害赔偿案件，必须懂一些医学知识和伤残鉴定方面的知识；办理专利案件，必须有一些理工基础知识；办理交通肇事案件，必须了解一些汽车驾驶和汽车性能方面的知识等，否则，你就无法吃透案情，开庭时也难以应对。我的体会是，每办一个案件，就要充分了解这方面的专业知识，成为这方面的行家里手。办案遇到不懂的专业知识，就得“恶补”。除了网上搜索和向专业人士请教以外，你的当事人就是最好的老师，因为当事人往往就是这方面的专业人士，他又在事件中亲力亲为，比谁都清楚。

第五节　起诉应诉能力

一、起诉、立案能力

经过漫长的磨炼，终于有人请你打官司，马上要进入实战状态了！作为原告的代理律师，打官司的第一步工作就是立案，到法院立案成功，诉讼才算正式启动。当然，如果你代理被告一方的话，就无须立案，只要在法官通知领传票、起诉状和证据材料之后的答辩期内提交答辩状和相关证据材料即可。

到法院起诉，先要做好立案准备。那么需要准备哪些材料，法院才能受理立案呢？下面这些材料一个都不能少：①起诉状；②授权委托书；③律师事务所函；④律师执业证复印件；⑤当事人身份证复印件；⑥如原告为单位的，须有加盖单位公章的法定代表人身份证明；⑦营业执照副本复印件；⑧如被告为公司企业的，须有被告单位基本工商登记信息；⑨列出证据目录。以上提交法院材料中的起诉状、证据复印件、证据目录的份数视被告人数而定，要比被告的人数多一份，如一个被告交两份，两个被告交三份，以此类推，多出的一份是给法院的。当然，别忘了给自己留一份起诉状和证据材料，为日后开庭和存档之用。

在上述诸多材料中，比较难的是起诉状的书写和证据材料的安排。起诉状的写作下面会专门讲到，现就证据材料作重点说明。

证据可按其形成的时间顺序排列，在证据复印件的右上角标明证据序号和页次。照片最好打印到 A4 纸上，一张 A4 纸可打印两张照片。因为冲洗的照片不方便法官归档，所以尽量用打印的，方便又省钱。录音录像证据要刻成光盘，同时应保存到最原始的录音录像工具中（否则在庭审中对方会提出该证据不是最原始的状态，不排除编辑修改可能性的质证意见），是录音的还要整理成文字稿，关键部分用黑体字标出。如果录音时间较长，还要记下关键部分的时间点。

证据目录最好制成表格，列出证据序号、证据名称、证明内容、页次等项目，在证据目录下面注明系原告或被告提供，让法官一目了然。

证据目录能一眼看出你有哪些证据，分别证明什么内容，在第几页，这不仅大大节省了时间，也节省了精力，让人觉得专业律师准备的材料就是不一样。这也是获得法官好感的最有效手段。须知，庭审最耗时的地方在于举证质证。如果原、被告双方庭前准备充分，叠好证据材料，列好证据目录（关于证据目录示例，下文中将出示），就能顺利地推进庭审程序，节约司法资源。

有的案件证据较多，其中有几份证据都是证明同一个事实的，这就可以分组排列证据。每一组证据下面有几个证据，它们的证明目的是什么，可以合起来说。

示例

证据目录

原告提供　　提交日期：　年　月　日

证据编号	证据名称	证明目的	页次
证据一	土地房产所有证存根	讼争房屋系原告父亲遗留的祖业产。	第 1 页
证据二	证明信	原告父母死亡时间，原告享有继承权及诉讼主体资格。	第 2 页
证据三	遗嘱	原告父亲立遗嘱将其房屋一半遗留给原告继承，原告对讼争房屋享有合法权利。	第 3 页
证据四	对房屋翻新改造的记录	房屋翻新改造的时间、出资、出租管理情况。	第 4 页
证据五	收款条	被告接收原告交送的房屋翻新首期投资款 2 万元，二次投资款 1 万元，共计 3 万元。	第 5 页
证据六	房屋翻新重建示意图	房屋翻新重建图纸。	第 6 页

续表

证据编号	证据名称	证明目的	页次
证据七	房屋测量图	房屋翻新重建后的实际测量数据，部分的房屋面积为 9.3×18.25=169.725 平方米。	第 7 页
证据八	收租金记录	原告把房屋委托被告出租管理，被告将收取租金转交给原告。	第 8 页
证据九	宅基地腾退补偿安置协议、安置费领取凭证	被告抛开原告擅自签订拆迁协议，并取得 7408954 元腾退补偿安置费。	第 9–13 页
证据十	房屋被拆照片	原告房屋被拆的情况。	第 14–15 页
证据十一	一封信	讼争房屋所在的村委会于 2016 年 9 月启动本村棚户区改造和环境整治项目。	第 16–17 页
证据十二	宅基地认定明细表	第一榜公布的动迁宅基地产权人名单中认定讼争房屋产权人为原告、被告二人。	第 18–22 页
证据十三	公示栏二榜公示	二榜公示栏上没有原告的名字，被告抛开原告，擅自与拆迁人协商拆迁事宜。	第 23–27 页
证据十四	腾退补偿安置协议（货币补偿安置方式）	腾退补偿具体计算依据，原告要求安置费的计算依据。	第 28–31 页
证据十五	拆迁安置办法	拆迁安置具体政策，原告要求安置费的计算依据。	第 32–39 页

二、出庭应诉能力（陈述事实、答辩；出示证据与质证；回答法官问题；法庭辩论；诉讼中调解与庭外调解）

出庭应诉能力，也就是现场庭审能力。阐述出庭应诉能力之前，有必要先介绍一下庭审程序。整个庭审程序一般包括以下几个方面：法官宣布开庭、法庭调查（原告宣读起诉状、被告答辩、双方举证质证）、法庭辩论、法庭调解、最后陈述、看笔录签字。下面就这些问题逐一论述：

1. 法官宣布开庭，宣读法庭纪律，告知双方权利义务，询问是否申请回避，对对方出庭人员是否有异议。这个阶段，如发现需要申请回避或者对对方出庭人员有异议的，应及时提出来。一般来说，申请法官回避的情况较少，但是对于需要限制对方出庭人员的，则可以合理地利用这个诉讼规则。

很多人不会利用这个规则，也不重视这个环节。其实，这个规则运用得好，会起到意想不到的作用。

有一个分家析产案件，我代理原告方。在诉前调解时，对方派出其女婿来谈判。到案件开庭时，被告方除委托一个律师外，还把那个女婿也委托为诉讼代理人。我的当事人开庭前看到被告女婿就极端反感，说怎么样能不让他说话。我说一会儿看我的吧。开庭时，法官除宣布法庭纪律、询问双方是否申请回避外，没有问双方对对方出庭人员有无异议。我当即提出对被告的其中一个代理人资格有异议。法官询问理由，我说女婿不是法律上的近亲属，不符合民事诉讼法规定的公民代理人的资格。事后，我的当事人告诉我，在取消被告女婿代理人资格的那一刻，他就有案件赢了一半的感觉。

2. 原告宣读起诉状：从“诉讼请求”开始到“事实与理由”，或者把基本意思说一下，但是对于诉讼请求部分，则必须严格按起诉状来宣读。如有变动，须明确有哪些改变。

3. 被告答辩：如果你代理的是原告，必须注意记录对方答辩要点，以便法庭辩论期间反击。

4. 出示证据与质证（质询对方证据）：举证方按证据顺序一一出示证据，简要说明证据序号、证据名称、证明内容；质证方质询对方证据时，从对方证据是否真实、是否与案件相关、证据收集是否合法、是否能达到对方的证明目的等方面进行质询。

5. 法庭辩论：就案件争论焦点问题，从事实与法律适用方面展开辩论，先论证自己的观点，然后反驳对方的观点。一般来说，法官都会在辩论前总结案件争议焦点问题，并询问双方是否认同法官总结的这些问题为本案争议焦点，是否有补充。如果认同，则应重点围绕法官总结的问题展开辩论，不要过多涉及与争议焦点关系不大的枝节问题，以免浪费宝贵的辩论时间。

以某个交通事故案件为例，法官总结的争议焦点是：被告是否有严重违章行为？双方是否认同交警部门作出的被告全责的事故责任认定？原告的精神损害赔偿请求是否合理？被告车辆投保的保险公司是否要承担连带赔偿责任？原告方可根据上述焦点问题发表如下辩论意见：被告驾车逆行，属于严重违章行为，导致原告受伤，支出各种费用，交警已认定被告负全部责任。原告各项请求合理合法，按《道路交通安全法》和《最高人民法院关于审理人身损害赔偿案件适用法律若干问题的解释》等相关法律规定，被告理应赔偿原告的各项损失费用。法院认为保险公司承保本案肇事车辆，根据《道路交通安全法》第七十六条和其他相关条款规定，对该车肇事带来的上述费用应承担连带赔偿责任。原告的5000元精神损害抚慰金诉求是因为被告侵权行为给原告带来巨大的肉体和精神的伤害才提出来的，这也是一个相对合理的数额。原告面部多处受伤，特别是鼻子软组织受伤，至今嗅觉失灵，闻不到任何味道。请求法院支持原告的全部诉讼请求。

6. 辩论结束，法官询问双方是否同意调解：可先答应调解，看对方是否同意调解，如对方同意，原告可先给出调解方案——先要求对方一次性支付多少元，如对方不同意再适当降低，最后的底线要与当事人本人商量好，以免被当事人埋怨。如调解不成就听凭法官判决。

7. 最后陈述：原告坚持诉讼请求，被告坚持答辩意见。

8. 法官宣布休庭，双方检查笔录签字：查看笔录所记的大体意思是否与自己陈述的一致，如有误，可当场申请书记员补正。每一页都签名，最后一页还要签日期。

上面是庭审程序的总体描述，下面就庭审中的陈述事实、发表抗辩意见、回答法官提问和举证质证等重点问题给出特别提示：

① 陈述事实条理清晰，简明扼要。叙述案件事实可以时间为序，详略得当，不要眉毛胡子一把抓，事无巨细地和盘托出。法官是来给你断案的，不是来听故事的。你陈述事实的目的是要说明你的请求基于某项客观事实，进而希望法官支持你的请求。陈述的条理性也很重要，如果不先厘清头绪，杂乱无章，前言不搭后语，必然给人留下两点不好的印象：一是人家听不懂你说的意思，不知道通过这个陈述要表达什么观点；二是就算人家断断续续听懂了你的意思，但因你的陈述缺乏条理，可信度大打折扣，对方可以借此找到纰漏，大做文章。

② 抗辩反驳针锋相对，点到为止。被告作为抗辩、反驳的一方，关键是要抓住要害，针锋相对地予以回击。从对方陈述事实的谬误、适用的法律不当、合

同条款解释的错误、诉讼请求的虚高、出示证据的漏洞等方面找到反击目标，精准出击。反击前对于对方陈述的明确无误的我方找不到任何漏洞的事实，可以承认，然后话题一转，直指对方要害，给以致命的一击。这样你的反击就显得更加可信。

③ 回答法官问题时讲究逻辑层次，由总到分，有针对性地回应。先回答“是”或“不是”，然后再陈述理由。这个逻辑层次很重要，法官最怕当事人或代理律师答非所问，或者先说一大堆的细枝末节，然后再回答“是”或“不是”的问题，让人家陷入细节中却找不到你的要点。

举一个有点极端的例子。法官在庭审现场问证人：案发时你看见被告和原告在打架吗？证人不先回答“看见”或“没看见”，而是讲一大段的细节问题：那是一个星期天，我和女朋友去王府井逛商场，逛了两个小时，女朋友感到口渴了，想喝一杯可乐。于是我们就从商场五层下到楼下，找到书店边上的一家麦当劳，正当我们买完两杯可乐要走出麦当劳大门时，忽然人声鼎沸，循声望去，发现有人在打架。但是围观的人太多了，我女朋友害怕不想上前凑热闹，我听到原告（我老乡）的叫喊声，就松开女朋友的手，上前一看，看见被告等几个人对原告拳打脚踢的，原告痛苦地倒在地上呼救。我叫被告他们别打了，再打我就要报警了。这时被告几人才罢手。

这个回答太啰嗦了，而且前面说这么多都不得要领。法官问话要查明的是，证人是否在打架现场看见打架的情况。证人要首先回答看见了，然后再简单说一些看见的情况：我看见了，那天我从王府井的麦当劳出来，发现有人打架，听声音像是我的老乡原告，走近一看，果然看见被告几个人在打原告。

细节是为观点服务的。首先必须旗帜鲜明地表明你的观点，然后再陈述细节。这样法官才知道你要说什么。

④高度重视举证和质证。在我看来，这是庭审现场最核心的部分，它虽然没有法庭辩论那样激烈，那样富有表现力，但这是法官庭后裁量案件最倚重的部分。打官司的关键就在于证据，再能言善辩的律师，没有扎实的证据，也不能让案件起死回生。因此，律师一定要练就一套举证、质证的硬功夫。证据无论多少，都先列个证据目录，如数量较多，案情比较复杂的，还可将证据分成若干组，把每组证据的名称、证明对象、证明内容、页次一一列出，让人一目

了然。

质证时，从对方出示证据的客观真实性、关联性、合法性下手，寻找突破点，一举摧毁对方的证据体系。证据应具有客观真实性、关联性、合法性，才能作为有效的证据，起到证明案件事实的作用。如果在这三个方面有瑕疵，证据将不能为法院采信。因此，这也是质证的关键突破口。

首先说一下证据的客观真实性问题，这是指诉讼证据必须是能证明案件真实情况的、不依赖于主观意识而存在的客观事实。这一客观事实只能发生在诉讼主体进行民事、经济活动中，发生在诉讼法律关系形成、变更或消灭的过程中，是当时作用于他人感官而被看到、听到或感受到的、留在人的记忆中的，或作用于周围的环境、物品引起物件的变化而留下的痕迹物品，也可能由文字或者某种符号记载下来，甚至成为视听资料，等等。客观真实性是诉讼证据的最基本的特征。

判断证据是否客观真实，首先，可先从证据是否为原件着手，如果只有复印件或复制品（如书证的复印件、拷成光盘的录音录像资料），你一定要抓住机会否认，不要稀里糊涂就认了；其次，从证据内容看是否真实，与其他证据或对方陈述的事实或其他客观事实是否矛盾；再次，如果是证人证言，看证人或作证单位与出示该证据这方是否有利害关系，如系出示证据这方的近亲属或是其所在单位，那就要从证人证言存在主观倾向性、缺乏客观真实性方面质证；最后，证据是否客观真实，还要看证据是否充分。比如，一张住院发票需要住院每天的支出明细单来佐证，汽车修理费发票需要修理项目明细单来佐证，如果没有这些明细单，你就可以质疑其真实性。因为单张发票容易伪造，大街上卖假发票的遍地都是，但每项明细要一一罗列，其伪造的难度和成本就大幅度提升了，有的甚至根本没法伪造。

我这里要特别说一下，对于单位证明如何质证的问题。最高人民法院于2015年1月公布，2022年修正的《关于适用〈中华人民共和国民事诉讼法〉的解释》对单位证明作了特别解释。该司法解释总计五百五十条，专门列举一条（第一百一十五条）来解释单位证明问题："单位向人民法院提出的证明材料，应当由单位负责人及制作证明材料的人员签名或者盖章，并加盖单位印章。人民法院就单位出具的证明材料，可以向单位及制作证明材料的人员进行调查核实。必要时，可以要求制作证明材料的人员出庭作证。单位及制作证明材料的人员拒绝人民法院调查核实，或者制作证明材料的人员无正当理由拒绝出庭作证的，该证明材料不得作为认定案件事实的根据。”根据该解释，对于对方提供的单位证明可以从以下几个方面质证：首先看是否有单位负责人和制作证明材料的人员签字，这两者都必须具备；如果没有这两种人签字（这是单位证明常见的缺陷），或者质疑其签字是虚假的，可以不认可该证据的真实性，或者要求法庭传唤负责人及制作证明材料的人到庭接受质证。

其次说说证据的关联性问题，这是指作为证据的事实不仅是一种客观存在，而且它必须与案件所要查明的事实存在逻辑上的联系，从而能够说明案件事实。正因如此，它才能以其自身的存在单独或与其他事实一道证明，保证案件真实存在或不存在。如果作为证据的事实与要证明的事实没有联系，即使它是真实的，也不能作为证明争议事实的证据。

在庭审质证中，证据的关联性是一个很好的突破口。举一个常见的例子就是电信公司打印的通话记录的证明效力问题。张三借给李四两万元，李四打的借条注明一年内归还，但实际上过了三年都没归还。其间，张三多次打电话向李四要求归还借款，李四也曾答应及时归还，可就是拖着不还。到第四年，张三只好诉至法院。李四承认借款的事实，但认为本案已过诉讼时效。张三拿出电信公司打印的通话记录单，证明他在诉讼期间内多次给李四打电话催款，诉讼时效已中断，需重新计算。但这种通话记录单能否证明张三向李四要过钱呢？李四代理律师的质证意见是对通话记录单的真实性没有异议，但该记录单与张三主张的事实缺乏关联性，它能证明张三给李四打过电话，却无法证明通话的内容是什么，当然也就无法证明张三向李四要过这笔钱了。这是个很到位的质证意见，法官最终采信李四律师的意见，以本案已过诉讼时效为由驳回张三的起诉。

再次说说证据的合法性问题，这是指证据必须由当事人按照法定程序提供，或由法定机关、法定人员按照法定的程序调查、收集和审查。也就是说，诉讼证据不论是当事人提供的还是人民法院主动调查收集的，都要符合法律规定的程序，不按照法定程序提供、调查收集的证据不能作为认定案件事实的根据。

另外，证据的合法性还包括证据必须具备法律规定的形式。对某些法律行为的成立，法律规定了特定的形式，不具备法律所要求的形式，该项法律行为就不能成立。实践中最常见的问题就是房屋或机动车抵押问题，当事人之间写有抵押协议或在协议中有抵押条款，但是没有去行政主管机关办理抵押登记，结果该抵押被判无效。赵先生因做买卖资金周转困难请求李先生借给自己一百万元。双方签署了一份借款抵押合同，借方赵先生答应将自己居住的一套三居室住房抵押给贷方李先生，如赵先生届时未能还款，李先生有权拍卖该房产或者将该房产过户至自己名下，赵先生应配合拍卖或办理过户手续。双方都在合同上签了字，李先生以为从此万事大吉，可以高枕无忧了。殊不知，赵先生因生意亏空而无力还款，李先生起诉赵先生，请求按借款抵押合同的约定条款拍卖该房产，以拍卖所得折抵还款。庭审中，李先生出示这份借款抵押合同，赵先生的质证意见是，房屋抵押需到房屋主管机关登记方为有效，本案原、被告双方签署的借款抵押合同涉及的抵押物为房产，抵押合同只有双方签字，没有到房管局做抵押登记，因缺乏法定要件而无效。最终，法院确实采信了赵先生的质证意见。

最后还要说一说质证中的分寸感问题。如上所述，质证通常是采用一种否定性思维，对对方证据的真实性、合法性和关联性方面进行质询、排除。从整体上看，质证时首先触动质疑、否定的大脑神经是没错的，但对方的证据未必都是假的，也未必都是违法的或缺乏关联性的。如果对方出示的证据并没有什么问题，而你还一味地否定，效果未必好。法官也可能会对这样的律师产生些许反感。最好的办法是，承认那些无可辩驳的材料，对于其他有缺陷的材料再予以否定。还有就是，有些材料本身是真实的，但不能用来证明对方的主张，此时可以认可对方材料的真实性，但不认可其证明目的。如果不分青红皂白，对所有证据一概采取完全否定态度，很容易激起对方当事人的负面情绪。此时采取先扬后抑的态度，或许是一种比较好的处理办法。再举一例，有个交通肇事案，被害方死亡了，其家属起诉司机要求赔偿各项费用，我代理被告方。原告在出示证据时，其中涉及交通费用，里面有死者的不少亲朋好友来京的机票和火车票，我在质证时，首先承认这些证据的真实性，也肯定了按基本民俗，逝者为大，亲戚朋友来看望完全符合人之常情。最后话锋一转，说根据法律规定，被告方只能赔偿死者直系亲属的交通费，其他亲朋好友的交通费只能由原告方或其亲戚朋友自行承担。这种质证意见容易得到法官的支持，且不伤害对方情感。如果一开始就直接说某些人的交通费与本案无关，我方不同意赔。对方当事人心里可能犯嘀咕：你这律师怎么这样无情无义？纵然庭上不说，庭下也难免说一些难听的话。律师总处于矛盾的旋涡之中，能规避风险时应尽量规避。

第六节　文书写作能力

律师的口头表达常常被人津津乐道，一定程度上把律师的文书写作能力给掩盖了。实际上，律师的文书写作也至关重要，甚至比口头表达更为重要。立案时要用到起诉状，庭审中要用到辩护词或代理词，申请调查取证、延期审理、撤回诉讼等要用到申请书，这些无不涉及法律文书写作问题。就法官判案的实际情况看，法官为写判决书而阅卷时，比较看重庭审中质证部分的笔录。对于控辩双方观点表述部分，代理词、辩护词就更重要了，因为书面的代理词、辩护词是代理人、辩护人对案件的整体梳理，旗帜鲜明、条分缕析，看起来清楚得多，引用起来也更加方便。因此，一定要重视法律文书写作能力的提升，写出来的律师文书符合规范、言简意赅、文情并茂，体现律师的专业水准和人文情怀。下面就律师常用的法律文书写作要点逐一简述，并示例之。

法律意见书——旗帜鲜明，切中要害

法律意见书，是指当事人就某个法律问题问计于律师，律师为其出具的有关本问题所涉及的法律性质、法律关系、法律后果、法律风险防范、法律解决方案等方面的书面意见。法律意见书的要旨在于旗帜鲜明，切中要害。即清晰地表明法律问题之所在，准确地提出法律解决之道。

【规范指引】

法律意见书没有固定的格式，重要的是律师在作出法律意见前，一定要清楚地说明本法律意见仅就当事人一方提供的材料而且是在当事人对该材料的真实性、完整性负责的情况下所作出的。否则一旦因当事人提供的材料有瑕疵而使律

师作出错误意见，事后难免出现纠纷。

起诉状——诉求明确、言简意赅

起诉状的写作目的是让法院立案，让法官和对方知道你的诉讼请求和基本事实与理由。因此诉讼请求必须明确，如交通事故案件提出赔偿损失项目，必须写明医疗费、误工费、交通费、营养费、残疾赔偿金、被抚养人生活费、鉴定费分别为多少元，总计索赔多少元，一定要有明确的数额，不能空洞地单提赔偿某项费用而不说具体数额。在一些法定继承类案件中，涉及房产问题的，如只要求分割房产份额，在事实与理由部分，以时间为先后顺序简述案件主要事实即可，不要长篇大论地罗列具体细节，也不要引经据典般地引用法律条文或列举法律、法规及司法解释的名称。

【规范指引】

1. 写准案由，案由写得不规范是新手常犯的错误。如原告将自己的房屋借给被告住，现要求被告腾退房屋，其案由应为“返还原物纠纷”。很多人容易把案由写成“腾房纠纷”，实际上最高人民法院发布的《民事案件案由规定》没有“腾房纠纷”这个案由；汽车碰撞造成人员伤亡的索赔案件，之前的案由规定为“道路交通事故人身损害赔偿纠纷”，现在改为“机动车交通事故责任纠纷”，很多人没有将此案由写全，如果没有人员伤亡，只有财产损失的，案由应为“财产损害赔偿纠纷”。一定要熟悉最高人民法院发布的《民事案件案由规定》[①]。遇到拿捏不准的，仔细对比该规定。案由关系到一个案件的性质问题，立案后如果发现案由错了，无法更改，只能申请撤诉，重新起诉。如此耗时地做一个无用功，还容易给当事人留下不专业、不用心的不良印象。

---

① 该规定于2007年10月29日最高人民法院审判委员会第1438次会议通过，根据2011年2月18日发布的《最高人民法院关于修改〈民事案件案由规定〉的决定》第一次修正，2020年12月29日最高人民法院印发《关于修改〈民事案件案由规定〉的决定》的通知，再次对案由进行修改。

2. 当事人基本情况的表述应注意规范，如写年龄多少岁就不如直接写某年某月某日出生来得规范，因为随着时间推移，年龄是会变化的，而出生年月则是不变的。法院的裁判文书都是这样写的。尽量与法院裁判文书的规范表述接轨。

3. 主体名称不能错，尤其是被告名称必须一字不差，否则被告要是提出异议，抓住程序问题做文章，那肯定会被法院驳回起诉，还得从头再来。这不仅给当事人留下办事不认真的印象，还容易挫伤士气，影响诉讼信心。最常见的问题是写错别字，还有的是增加或遗漏某些字，如把“北京市某某有限责任公司”写成“北京某某有限责任公司”，虽然只有一字之差，但被告如果提出抗辩，毫无疑问将被法院裁定驳回起诉。

4. 如起诉状有两页或两页以上，在签字或盖章时，最好每页都签上字，各页合起来盖一个骑缝章，最后一页“具状人”后面再盖一个章。原告如果是单位，除盖单位公章外，单位负责人或法定代表人还得签字。签字用黑色签字笔或钢笔书写。

示例一

民事起诉状

原告：苏某，女，汉族，19××年×月××日生，住北京市某区

电话：×××

被告：钟甲，男，汉族，19××年××月××日生，住北京市某区

电话：×××

案由：离婚纠纷

诉讼请求：

1. 判令准予原告与被告离婚；

2. 判令原告与被告所生女儿钟乙归原告抚养；

3. 判令被告自准予离婚之日起每月支付原告女儿抚育费人民币1000元整；

4. 判令被告承担本案全部诉讼费用。

事实与理由：

被告与原告于1993年经人介绍认识，1994年3月登记结婚，婚后感情一般。

由于被告怀有严重的重男轻女的思想，自1995年6月女儿钟乙出生后，被告就想与原告离婚，并经常打骂原告。2005年4月起双方各自分居，女儿钟乙随原告生活。原告一直希望被告改正错误，但被告却视原告的忍让为软弱可欺，变本加厉地欺负原告。万般无奈之下，原告只好诉至法院，请求法院依法裁决。

此致

××省（市、自治区）人民法院

具状人：

2008年5月8日

示例二

民事起诉状

原告：××图公司

住所：上海市徐汇区×路×号

法定代表人：郎某

电话：×××

被告：××搜公司

住所：北京市海淀区×路×号

法定代表人：佟某

电话：×××

案由：网络服务合同纠纷

诉讼请求：

1. 判令被告支付原告推广费用2645696.40元；

2. 判令被告赔偿原告损失105700元（含公证费5700元、律师费10万元）；

以上1、2项费用共计2751396.40元

3. 判令被告承担本案全部诉讼费用。

事实与理由：

2015年3月20日，被告作为甲方与作为乙方的原告签订《推广协议》，约

定 ××× 公司为被告 ×× 新闻软件在手机用户中进行推广，视每个用户的手机激活（CPPA）数据进行结算，由原告向被告收取推广费用。之后双方又签订《补充协议》，将原《推广协议》约定的合作期限 2015 年 3 月 20 日至 2016 年 3 月 20 日变更为 2015 年 3 月 1 日至 2016 年 2 月 29 日，其他内容未作变更。

《推广协议》及《补充协议》签订后，原告依约履行，尽心尽力为被告提供 ×× 新闻软件的手机用户推广业务，并获取了良好业绩。但被告只支付了 2015 年 3 月和 4 月共两个月的推广费用，从 2015 年 5 月开始，就一直拖欠，迄今为止共计 2645696.40 元未支付。原告多次催促被告支付，被告均借故推诿。原告只好诉至贵院，祈判如所请。

此致

北京市海淀区人民法院

具状人：×× 公司（盖章）

法定代表人（签字）：

2016 年 11 月 16 日

反诉状——针锋相对，击中要害

反诉状是指在已经开始的诉讼程序中，民事案件的被告，以本诉的原告为被告，以抵销或吞并对方诉讼请求为目的，向同一人民法院提出与本诉有关的新的诉讼请求时使用的文书。

【规范指引】

1. 反诉与本诉的关系。反诉是针对本诉而言的，因此只有与本诉属于同一法律关系，才能提起反诉。如在物业服务合同纠纷中，物业公司起诉业主，要求支付物业管理费。业主如认为物业公司的服务有瑕疵，没有尽到安保职责，致使其停在小区的汽车被人损坏，又因小区监控录像年久失修而未拍下当时汽车被人损坏的镜头，导致警方无法破案。这就可以对物业公司提起反诉，要求赔偿修车损失，并驳回物业公司的诉讼请求。但是如果业主对物业公司的安保服务不满，把一块大石头放在物业公司门口，物业公司起诉业主，要求排除妨害，搬走石头，业主则不能就汽车损失问题提起反诉。因为两者不属于同一法律关系。一个是侵权损害法律关系，另一个是物业服务合同关系。在此情况下，业主只能另行起诉。

2. 反诉请求。写明请求抵销或吞并本诉标的的具体数额和方法。

3. 事实与理由。这是整个反诉状的核心。在这一部分，要从事实和法律角度充分阐述反诉主张的正确性和抵销、吞并对方诉讼请求的合法性。

示例

民事反诉状

反诉人（本诉被告）：×× 公司

住所：北京市大兴区 ×× 镇 ×× 路 ×× 号

法定代表人：林某；职务：经理

被反诉人（本诉原告）：宋某，住北京市房山区 ×× 镇 ×× 村 ×× 号

案由：租赁合同纠纷

反诉请求：

一、判令被反诉人返还反诉人多交的租金 50 万元；

二、判令被反诉人承担本案本诉及反诉的全部诉讼费用。

事实与理由：

2013 年 4 月 10 日，L 公司与被反诉人宋某签订《土地租赁协议》，约定宋某将其从村集体承包的位于房山区村南的一块工矿用地转租给 L 公司，用于建设混凝土搅拌站，土地面积为 50 亩（暂估数）。实际该土地在 L 公司与被反诉人宋某签约后一直由反诉人 ×× 公司使用，租金也一直由反诉人支付。2015 年 12 月，因房山区政府出台治理混凝土搅拌站政策，反诉人被迫拆除搅拌站，撤离该租赁场地。

反诉人租赁宋某的场地后，发现宋某没有将该场地内有 10 亩左右的面积交付给反诉人，而是早已出租给别人使用及其自用。后来还发现宋某从村经济合作社承包的土地只有 38 亩，因此宋某有权转租的土地只有 38 亩。在这 38 亩范

围内还有10亩租给他人使用及其自用，留给反诉人的只有28亩。反诉人一直是按超过50亩面积给被反诉人交付租金的，截至2015年年底，反诉人给被反诉人累计多交了五十万元的租金。2016年4月25日，被反诉人反而先起诉反诉人，反诉人为此提出反诉，要求驳回被反诉人的诉讼请求，支持反诉人的反诉请求。

此致

北京市房山区人民法院

反诉人：××公司（盖章）

法定代表人（签字）：

20××年×月×日

答辩状——对准目标，有的放矢

答辩状，是被告针对原告的起诉或被上诉人针对上诉人的上诉，提出自己的辩解意见，旨在反驳、否定对方诉讼请求的法律文书。答辩状的关键在于一个“辩”字，即辩驳、辩解。对原告或上诉人的请求逐一辩驳，请求法院驳回起诉或驳回诉讼请求。提出新的主张，如追加第三人、追加被告，等等。

【规范指引】

1. 注意称呼转换，原告与被告的称呼随着案件的不同阶段或当事人的不同角度、地位而变化。原告在起诉书中称自己为原告，对方为被告；被告在答辩书中，称自己为答辩人，对方为被答辩人；上诉人与被上诉人的转换也是如此。

2. 就原告或上诉人的诉讼请求进行答辩，不要增加或减少诉讼请求之外的内容。

3. 详略得当，对答辩人而言，事实明确、证据充分的部分，对方的请求明显无法得到法院支持的可简要辩驳，对答辩人证据优势不明显的部分，应重点辩解。

示例

答辩状

答辩人：×× 电镀厂

住所：北京市朝阳区 ×× 乡

法定代表人：刘甲

被答辩人：刘乙，住北京市朝阳区 ×× 乡 ×× 村

答辩人不同意被答辩人要求赔偿 10 万元的诉讼请求，现就本劳动纠纷案，提出如下答辩意见：

一、被答辩人的诉讼请求早已超出法定诉讼时效，依法应驳回其起诉。

本案涉及的工伤事故诚如被答辩人在起诉状所述，发生在 1996 年 9 月，距离被答辩人起诉日期 2009 年 3 月 19 日，已长达 12 年半。无论按《劳动法》规定的 60 天的时效还是按《劳动争议调解仲裁法》规定的 1 年的时效，抑或按《民法通则》[①] 规定的 2 年的诉讼时效，均已大大超过，被答辩人早已丧失程序意义的胜诉权，依法应驳回其起诉。

二、事故发生后，答辩人尽了最大限度的救助义务，及时将被答辩人送往医院治疗，支付了全部的医疗费、住院费、护理费、交通费以及必要的营养费等各项费用，并本着照顾的原则，于 1999 年 3 月 25 日为被答辩人提前办理了退休手续，此后每月都向被答辩人足额发放退休费。

1996 年 9 月 25 日下午，事故发生后，答辩人立即将被答辩人送往医院，并先后为被答辩人支付了全部的医疗费、护理费、药费、交通费及必要的营养费。其中 1996 年 11 月 6 日报销各种住院医疗费用（含药费、护理费等）4521.44 元、1997 年 5 月 14 日报销药费 168 元、1997 年 9 月 2 日报销看病差旅费 173 元（含 95 元与 78 元两张单子），此外还给被答辩人报销过水果、食品、生鸡等营养费

---

① 注：《中华人民共和国民法典》于 2021 年 1 月 1 日起实施，《中华人民共和国民法通则》《中华人民共和国担保法》等同时废止。根据《中华人民共和国民法典》第一百八十八条第一款的规定，向人民法院请求保护民事权利的诉讼时效期间为三年。法律另有规定的，依照其规定。本案例裁判于《中华人民共和国民法典》生效前，适用的是当时有效的法律法规及司法解释。

137.90元，以上费用合计5000.34元。

考虑到被答辩人食指受伤的事实，本着照顾本单位职工的原则，答辩人根据被答辩人的申请，于1999年3月25日为被答辩人提前办理了退休手续，并每月都向被答辩人发放足额退休费。综上所述，答辩人对被答辩人不仅在法律上尽到了完全的义务，而且在情理上也是仁至义尽了。现在事隔12年半，被答辩人又提出10万元不知是什么的费用，实在于法无据、于理不通。

三、被答辩人违规操作，没有按厂里的操作规程使用镊子取物件，徒手取生产件而进入模具吻合区，导致其食指受伤。对此，被答辩人应负一定的责任。而且，被答辩人只是食指局部受伤，并不构成工伤等级，对其劳动能力没有影响。答辩人为其提前办理退休手续后，被答辩人一边领着答辩人发放的退休费，一边到一个新的单位上班，且新单位为其办理了各项社保，其生活、医疗有足够的保障。

答辩人：××电镀厂（盖章）

法定代表人（签字）：

20××年×月×日

【示例评析】

首先表明不同意对方诉讼请求的态度，然后从程序上抓住诉讼时效反驳对方，再从实体上将对方受伤以后单位对其治疗、照顾的情况逐一叙述，并提出对方10万元的诉讼请求师出无名，于法无据，最后从对方受伤不构成工伤等级、不影响劳动能力，其退休后又到新单位上班等方面陈述，这样对方的理亏之处昭然若揭。虽然在劳动案件中，法官不会考虑劳动者受伤是否存在其自身违规操作的问题，但实事求是地提出其违规操作的问题，还是能够在抑制对方诉讼请求和心理期许方面产生微妙的作用。

辩护词——找到辩点，摧城拔寨

辩护词，是被告人及其辩护人在诉讼过程中根据事实和法律所提出有利于被告人的材料和意见，部分或全部地对控诉的内容进行申述、辩解、反驳控诉，以证明被告人无罪、罪轻，或者提出应当从轻、减轻，甚至免予刑事处罚的文书。

辩护词的结构及写作要点如下：

1. 标题。直接写“辩护词”或者写“关于 ×××（人）××××（案）的辩护词”。如“关于张三涉嫌骗取贷款案的辩护词”。

2. 前言。交代辩护人的合法地位，说明辩护人所在律师事务所接受谁的委托，经被告人同意指派律师担任被告人的辩护人。同时简要说明辩护人事前进行了哪些工作，如查阅案卷、了解案情、同在押的被告会见或通信等。在前言的最后，可概括说明辩护人对此案件的基本观点。如认为公诉人指控被告的犯罪事实不能成立，或定罪不当或者对公诉机关指控的犯罪事实和涉及的罪名不持异议，但是本案被告人系从犯，有自首情节，应从轻或减轻处罚，等等。

3. 辩护理由。这是“辩护词”的主体部分，从事实上、法律上，从被告的认罪态度上提出辩护理由。具体可从分析公诉人所提出的被告的犯罪事实是否能成立等方面提出辩护理由；或者运用法律对定罪量刑提出意见，针对起诉书中提出的罪名发表意见。最常见的辩护切入点包括是否有自首、立功表现以及是否犯罪中止、犯罪未遂、从犯、初犯、偶犯、未成年犯等法定的减轻或从轻情节；认罪态度主要是根据被告人的悔罪表现（如退赔、道歉等），提出可以从轻的理由。

4. 结尾。归结辩护理由，提出有关判处被告的建议。

5. 写明辩护人所在的律师事务所及其姓名，并注明具体日期。

【规范指引】

1. 标题部分写上“关于 ×××（人）××××（案）的辩护词”比单纯写“辩护词”要好，这能使人一目了然，知道是哪个案件的辩护词，方便法官或书记员收卷归档，以免出现收卷时张冠李戴的现象。

2. 前言交代辩护人的合法地位时，要准确定位。是律师事务所接受被告人或被告人家属的委托，指派律师担任本案辩护人，而不是律师接受委托。这是很多新律师容易犯的一个常识性错误。

3. 辩护词重在于“辩”，主要从控方的证据上“挑理”，摧毁控方的证据链，如证据的采集是否合法、证据之间是否存在矛盾、证据与本案是否有关联性、证据能否证明指控的事实。

4. 主体部分可列举小标题，将辩护要点逐一陈述，显得条理清晰，重点突出。

5. 最后写辩护人姓名时，最好用钢笔或签字笔，只用打印而不用笔签字是不严肃的。

示例

辩护词

尊敬的审判长、合议庭两位陪审员：

北京 ×× 律师事务所接受贵院受理的非法经营案被告人秦某的家属的委托，并经秦某本人同意，指派本律师担任秦某的辩护人。本辩护人通过会见、阅卷以及对相关法律问题的研究，对本案事实及法律问题有了比较深入的了解。在此基础上发表如下辩护意见。

辩护人对于检察院指控秦某非法经营行为构成非法经营罪不持异议，但不认可起诉书所指控的秦某印刷漫画图书后，将其生产的图书通过物流销售给犯罪嫌疑人林某的犯罪情节。并认为检察院对秦某的量刑建议过重。因为秦某是接受林某的委托，按林某提供的漫画图书的电子版进行印刷的，然后按林某的要求把印好的图书全部提供物流快递给林某。相比于林某所一手操纵的委托印刷、运输、仓储、销售一条龙犯罪情节，秦某在非法经营中，所起作用较小，只是帮助林某进行单一印制活动，无论从主观恶性，还是客观社会危害性，以及涉案金额看，秦某的犯罪情节都要轻得多。秦某到案后如实供述自己的罪行，配合公安机关查明案件事实，根据《刑法》第六十七条第三款的规定，系坦白，可以从轻处罚。秦某认罪认罚，依法可以从宽处理。秦某一贯表现良好，本次犯罪系初犯，恳请法院酌予从宽处罚。具体辩护意见分述如下。

1. 秦某是接受林某的委托，按照林某提供的漫画图书电子版为其印制图书，然后将印制好的全部图书按林某的要求通过物流运至林某指定的物流到达点，从犯罪起意到印刷、销售都是由林某一手操控的，秦某只是起到一个加工印制的作用。相比较于林某提供漫画图书的电子版、委托印制、指令物流和仓储、对外销售等犯罪情节，秦某在非法经营中所起作用较小，应对秦某从轻处罚。

对于如何印刷和销售漫画图书的问题，林某与秦某在侦查阶段的供述各执一词。林某认为是从秦某那里进的图书，然后对外加价销售的。起诉书单凭林某的一面之词就认定是秦某印制图书后，将其生产的图书通过物流销售给林某。这种认定不仅片面，也根本不符合事实。实际的情况如秦某所供述的那样，是林某联系秦某，秦某再联系负责印制菲林（胶片）版的电脑技术公司，林某将准备印制的漫画图书的电子版发给电脑技术公司，电脑技术公司制作好漫画图书的菲林版之后，发给秦某的公司，都发公司印刷成书后，按林某的要求将全部图书通过物流发送至林某指定的物流地点。辩护人认为，秦某的供述比林某的供述更为可信。理由如下：（1）秦某的供述始终稳定，从第一次讯问到最后一次讯问都没有变化。而林某的供述则有矛盾反复之处。林某一开始为了推卸责任，甚至说秦某是他的老板。直到 2020 年 10 月 23 日下午第六次讯问中，在侦查人员追问他与林某、秦某是什么关系时，才说怕被公安机关处理，是从秦某那里进漫画图书，然后再卖给别人。在 2020 年 10 月 4 日第二次讯问笔录中，开始说图书是林某、秦某低价卖给他的，后来在同一次讯问中，又说这些图书“大部分是来自秦某，一部分他出售给我的，而且他家里是开印刷行业的，可以替我制作非法出版的图书”。显然林某在推卸责任，只是无意中说漏嘴，说秦某是替他“制作非法出版的图书”。（2）公安只在林某的仓库中查获到非法印制的图书，而没有在秦某的印刷厂或与其合作的彩印公司、电脑技术公司的厂房或仓库中查到这些图书。这就能印证秦某说的接受林某委托，用林某提供的电子版进行印制，然后将全部印制的图书按林某的要求发到林某在某市的物流接收点。（3）从公安侦查和检察院认定的非法经营数额看，林某涉嫌非法经营数额为 934 万元，而秦某的非法经营数额为 95 万元，只相当于林某的十分之一左右。这也能在一定程度上印证林某在经营盗版书方面比秦某更专业更全面，更有可能制作漫画图书的电子版。综合以上三个方面的情况看，秦某所说的接受林某的委托，由林某提供电子版，按林某的要求进行加工印制，并通过物流将全部图书发到林某在天津的仓库更为可靠。而林某所说的秦某将图书销售给他则无从印证。

更为直接的证据是，林某在庭审中回答本辩护人的提问时，已明确承认有委托秦某印刷的情况，是其提供的版来让秦某的都发公司进行印刷的。公诉方也已认同本辩护人关于林某与秦某系委托印刷的情况。

印刷与销售虽然是上下游产业关系，但是秦某的印刷是基于林某的委托，并且由林某提供电子版，林某实际上还参与了非法印刷活动，而且是先有委托后有印刷，秦某只是按林某的要求起到一个加工作用，获利甚微。比照秦某与林某的关系，以及秦某的非法经营额 95 万元，只相当于林某非法经营额 934 万元的十分之一左右，检察院建议对林某判处八年有期徒刑，而对秦某建议判处五年零八个月的有期徒刑，明显对秦某量刑过重，不公平公正。本辩护人恳请法院采信本辩护人的辩护意见。

秦某到案后如实供述自己的罪行，配合公安机关查明案情，有坦白情节，依法可以从轻处罚。其在侦查阶段第一次接受讯问时就自愿认罪认罚，其认罪态度十分诚恳。根据《刑事诉讼法》第十五条的规定，可以从宽处理。同时，秦某一贯表现良好，没有犯罪前科，此次犯罪系初犯。辩护人认为，检察院建议判处秦某有期徒刑五年零八个月的量刑建议过重，恳请法院全面综合本案情节，对秦某予以从轻处罚，并按其违法所得五万元人民币的一倍并处罚金为宜。

以上辩护意见，系辩护人在尊重法律、尊重事实基础上的诚恳表示，深望法院采纳。谢谢审判长，谢谢合议庭两位陪审员！

辩护人：黄天时，北京某律师事务所律师

二〇二一年四月十三日

代理词——系统梳理，言之有据

代理词是代理律师在诉讼中依据事实和法律，在法庭辩论阶段发表的，以维护委托人合法权益为目的，表明代理人对案件处理意见的诉讼文书。代理词是代理人对于整个案件从事实认定到法律适用的系统梳理，是集中展示代理人观点的文书，也是法官判案时的重要参考依据。相对于其他诉讼文书，代理词的写法比较灵活，并没有统一的格式，大体上仍然是由首部、正文和尾部三部分组成。首部、尾部的写法与辩护词大体相同。下面主要介绍代理词正文的写作要求。

撰写代理词正文，应当着重注意下列问题：

第一，根据案件具体情况，抓住争执点，鲜明地提出代理意见，并围绕这一观点从多角度、多侧面展开论证。要从事实、证据、法理、逻辑等多方面进行分析。

第二，立足于事实和法律，针对实质性委托，进行准确、详尽而深入地剖析，支持其诉讼请求。

第三，代理词应当随着诉讼进程不断修改、充实和完善，注意及时吸收新出现的情况，弥补代理词中的漏洞。

第四，代理词的语言应当生动、简练，论点明确，逻辑性强；客观、全面，重点突出；通俗易懂，用词恰当，又留有余地。

示例

关于甲商务公司诉乙数据公司商业诋毁案代理词

尊敬的审判长、审判员：

北京某律师事务所接受甲商务公司的委托，指派黄天时律师担任其诉乙数据公司商业诋毁案的代理人。本代理人就本案争议焦点问题提出如下代理意见，深望法庭采纳。

一、被告在微信公众号上发表的一系列歪曲事实的文章，构成对原告的严重诋毁，并给原告带来重大经济损失。

被告在其微信公众号上打着“反金融欺诈”旗号，散布谣言，发布如“定性传销”“冒充央企”。其行为明显构成对原告的诋毁。

首先，市场监管局只是对原告例行检查，未对外发布任何相关结论，被告在行政机关尚未定论前就恶意操纵舆论导向，抹黑原告，对原告商业信誉构成恶意诋毁。其次，所谓“冒充央企”也是被告对原告的诋毁。原告从未对外宣称自己是央企，被告为了吸引眼球，获取点击率而信口开河，其诋毁原告的事实十分明显。

二、在互联网＋新业态下，关于商业诋毁的主体问题，并不局限于“同行便是冤家”的古训，可扩大为关联行业。

商业诋毁行为的客观方面表现为捏造、散布虚伪事实或者对真实的事件采用不正当的说法，对竞争对手的商誉进行诋毁、贬低，给其造成或可能造成一定的损害后果。本案被告将自身散布虚假信息行为标榜为预警社会，但经查实，本案被告所宣称的反金融欺诈平台并不存在，其通过用户大量阅读和收费咨询来经营发展，其反欺诈平台的公信力和公益性不攻自破。

被告与原告虽然并非同一行业，但在互联网＋新业态下，各行业间存在相互渗透、相互关联，你中有我、我中有你的态势，诸多看似风马牛不相及的行业也呈现出一种前所未有的关联关系。因此，认定商业诋毁的主体不能拘泥于“同行便是冤家”的古训，发布虚假信息诋毁他人的一方只要符合损人利己的本质特征即可认定为商业诋毁。就如本案，被告通过诋毁原告，制造噱头，能达到吸引眼球，增加点击率，从而扩大自身影响招徕广告，从而实现经济利益的目的。这是互联网新技术带来的新业态下，商业诋毁的一个新特征：诋毁者站在道德制高点上，以“曲线救国”的方式对看似与己无关的行业大张挞伐，罔顾事实，臧否他人，博得不明真相的网民对其的关注，以达到“扩粉”（增加粉丝）圈钱之目的。如此穿马甲隐形，仍不失“损人利己”这个商业诋毁的本质内涵。

被告出示有关公章的证明材料没有负责人和开具证明的经办人签字，不符合最高人民法院关于适用民事诉讼法的司法解释的相关规定，不应被法院采信。

三、因被告诋毁，原告遭受重大经济损失，被告理应赔偿原告损失。

原告经营的是电子商务，与传统的线下实体店不同的是，电子商务对于网络舆情的反应较为迅速，一旦有负面评价，消费者难以甄别真伪，在头羊效应的从众心理支配下，往往群起而动，盲目撤资，给经营者带来致命的打击。自被告发布系列诋毁文章以来，原告的经营业绩呈断崖式下滑之势，无论是进驻的商家数量，还是来网上商城购买商品的消费者人数，以及交易流水都在大幅度减少。对此原告已提供一系列被诋毁前后的交易数据对比图，该数据有第三方公司的认证，足以证明原告因被告诋毁行为所造成的严重经济损失。被告作为侵权方，理应赔偿原告因其侵权造成的损失。

以上代理意见，系代理人在尊重法律、尊重事实的基础上，深入研究案情之后的诚恳表述，深望法庭采信。谢谢审判长，谢谢审判员！

代理人：黄天时

北京某律师事务所律师

20××年×月×日

上诉状——区分重点，针对性对抗

上诉状，是民事、行政或刑事案件的当事人对地方各级人民法院作出的第一审民事、行政或刑事判决或裁定不服，按照法定的程序和期限，向上一级人民法院提起上诉时使用的文书。上诉是针对一审判决不服部分提出来的，因此应把重点放在一审判决存在的问题上，不要面面俱到。如果说代理词是全面进攻的话，那上诉状就是重点进攻。

上诉状主要包括：上诉人、被上诉人（刑事上诉状无被上诉人）基本情况、上诉请求、上诉理由。

【规范指引】

1. 关于主体问题

上诉人是因为对一审判决不服，提请上一级法院对案件进行审理。因此，上诉人往往是一审的败诉方，既可能是一审原告，也可能是一审被告，甚至可能是一审原告、被告都对判决不满提起上诉的。为了让二审法官看得清楚，在上诉状中列举上诉人与被上诉人时，就有必要注明他们在一审中的诉讼主体地位，如写“上诉人（一审被告）”“被上诉人（一审原告）”。

2. 上诉请求

首先要简要综合叙述案情全貌，接着写明原审裁判结果。其次指明是对原判全部或哪一部分不服。最后写明具体诉讼请求，是要撤销原判、全部改变原判还是部分变更原判。

3. 上诉理由

主要是针对原审裁判而言，而不是针对对方当事人。针对原审判决、裁定论证不服的理由，主要是以下四个方面：①认定事实不清，主要证据不足；②原审定性不当；③适用实体法不当；④违反了法定程序。

示例

民事上诉状

上诉人：×× 公司

住所：河北省 ×× 市 ×× 大街

法定代表人：伍某卿

电话：×××

被上诉人：×× 煤栈

住所：河北省 ×× 庄

负责人：李某逵

上诉人因被上诉人诉上诉人以及其他原审各被告买卖合同纠纷一案，不服一审民事判决，现依法提出上诉。

上诉请求：

1. 请求二审法院依法改判，判令驳回被上诉人对上诉人的诉讼请求；

2. 判令被上诉人承担本案一审和二审的全部案件受理费。

事实与理由：

一审判决判令原审被告 ××× 公司及上诉人 ×× 公司共同给付被上诉人所欠煤款 1086805.85 元、违约金 322560 元，两项合计 1409365.85 元人民币。上诉人认为，一审判决无论在事实认定，还是在法律适用上均存在严重错误。上诉人在被上诉人与原审被告 ××× 公司的买卖合同关系中，不属于一方当事人，根据合同相对性原理，不应由上诉人承担给付煤款及违约金的法律责任。具体事实与理由分述如下：

一、上诉人不具备被告主体资格，一审法院强行判令上诉人对原审被告 ××× 公司拖欠原审原告 ×× 煤栈（以下简称被上诉人）的煤款及其违约金承担偿还责任，于法无据。

本案案由为买卖合同纠纷，买卖双方为被上诉人与 ××× 公司，根据合同相对性原理，合同只约束订约双方，对合同当事人之外的第三人无约束力。在本案中，上诉人从未与被上诉人发生过任何买卖关系，更无其他债权债务关系。对于M公司拖欠的煤款，被上诉人理应向 ××× 公司索要，无权向上诉人主张，上诉人在本案中不是适格被告。

二、一审判决根据M公司与L公司（上诉人的前身）2003年9月签订的《供热委托管理合同》，认定此合同为委托合同，并进而认定 ××× 公司与被上诉人签订供煤协议及给付煤款的行为属于委托事项范围内的工作，因此而产生的债务依法应由其与委托人共同承担。这种牵强附会的认定无论从事实上还是从法律上都站不住脚。

首先，《供热委托管理合同》虽然名为委托合同，实为承包经营合同。从合同内容到合同正文的措辞看，都是典型的承包经营合同。作为发包方的 ×× 公司，没有义务清偿承包方 ××× 公司因独自与被上诉人签订买卖合同而拖欠的煤款。

其次，退一步说，即使此《供热委托管理合同》为委托合同，根据合同内容，L公司也只是委托 ××× 公司负责易县县城1号、2号、4号热力站的供暖工作，并不是委托其购煤。××× 公司对超出委托范围的购煤行为应独自承担责任。若将买卖合同双方的责任无限牵连给第三方，势必破坏市场经济的交易秩序和交易安全。

最后，《供热委托管理合同》第二十二条明确约定："在采暖期内，所有耗用的材料、药剂、维修费用由乙方承担。"据此，作为合同乙方的 ××× 公司理应承担为采暖所耗费的所有材料，自然包括承担购煤款项。一审法院对合同双方明确的约定视而不见，强行判令与买卖合同毫无关系的上诉人承担给付被上诉人煤款及违约金的责任，于情、于理、于法皆无据。上诉人恳请二审法院在查明事实的基础上，正确适用法律，撤销一审判决，驳回被上诉人对上诉人的全部诉讼请求。

此致

河北省高级人民法院

上诉人：×× 公司（盖章）
法定代表人（签字）：
20×× 年 × 月 × 日

律师函——专业催告，传法达意

律师函，又称律师催告函、律师信，是指律师接受客户的委托就有关事实或法律问题进行披露、评价，进而提出要求以达到一定效果而制作、发送的专业法律文书。

律师函是律师对某一事实进行法律评价和风险估计，目的在于以法律尺度和律师的判断，对送达对象晓之以法律事实，动之以利弊得失，让送达对象得出自己的“法律评价”，即“传法达意”。因此律师函的本质是一种委托代理进行意思表示的法律行为。这里面存在两层法律关系，一是律师与委托人之间的授权委托关系，这一层面是核心的法律关系；二是律师与受送主体之间的代为函告的法律关系。律师函应根据委托人的合理要求给予对方通知或在适当的范围之内向送达对象解释事由，以便送达对象做出决定。

律师函的作用：（1）信息传递功能。律师函无疑具备传达委托人的意思、意志和律师的法律评价等信息的功能，也是为获得送达对象的预期信息反应而制作的。（2）心理强制功能。通过法律把一封信函润色加工后能够使对方迫于法律的压力而产生自身受到威胁的恐慌，包括两层含义：一是将委托人的意思表示通过法律分析后以合法的姿态予以定格（当然整体事态是定格的）；二是借律师事务所之招牌和律师的职业形象以法律的名义进行放大式的传达，成为一种强势的意思表示。

示例

律师催告函

×× 公司：

北京某律师事务所接受 ××× 公司的委托，并经 ××× 公司的同意，指派黄天时律师就贵司与 ××× 公司的软件推广费的催收问题，函告如下：

一、本律师了解到，贵司与 ××× 公司合作推广手机软件的基本事实为：

2016 年 12 月 1 日，贵司与 ××× 公司签订《推广协议》，约定 ××× 公司直接为贵司在手机用户中推广优点资讯软件，视实际设备激活量为准进行结算，

由 ××× 公司向贵司收取推广费用，双方按月进行结算。合作期限为 2016 年 12 月 1 日至 2017 年 12 月 31 日。

上述协议签订后，××× 公司严格依约履行，尽心尽力为贵司提供资讯软件的手机用户推广业务，并获取了良好业绩。但贵司却未能依约及时支付推广费用。在协议履行中，贵司只支付了 2016 年 12 月、2017 年 1 月、2017 年 2 月、2017 年 3 月预付款的推广费用，从 2017 年 3 月开始，就一直拖欠费用，截止到 2017 年 9 月 30 日共计 3782155.6 元未付，且双方邮件确认的停止结算日期为 2017 年 12 月 31 日。2017 年 10 月、11 月、12 月的推广费后续统计后另行函告。

二、律师意见及忠告：根据本律师了解到的上述情况，贵司未按时支付 ××× 公司推广费，已构成违约行为。建议贵司本着诚实信用的原则谨慎行事，珍惜自己的商业信誉，最迟于 2017 年 12 月 31 日前，将拖欠的 2017 年 9 月 30 日之前的 3782155.6 元推广费全额支付给 ××× 公司。如能在此期间付清上述 3782155.6 元推广费，××× 公司将免除后续三个月的推广费。否则本律师将根据 ××× 公司的授权诉诸法院，届时贵司不仅要承担推广费本金，还要依约支付违约金、赔偿金、律师费、诉讼费等费用，贵司的额外损失将进一步扩大。

本律师深望贵司认真考虑上述意见和忠告，及时与 ××× 公司联系，亦可直接与本律师联系。本律师函共两页，按贵司在《推广协议》中提供的地址，以邮政特快专递形式送达。

顺颂商祺

北京某律师事务所律师　黄天时

20×× 年 × 月 × 日

上面所列举的律师文案写作能力，都是从诉讼角度阐述的。实际上，律师业务除诉讼外，还有大量的非诉业务。非诉业务基本上就是写的功夫，里面涉及的领域很广泛，还有大量的专业问题。为了避免篇幅过长，我只列举一个涉及合同审查、执行和管理的例子，那是我在法律顾问单位所作的一个报告——《公司在签订、执行与管理合同中应注意的问题》。报告篇幅稍长，但对初学者学习公司、企业法务和对公司企业的合同审查、管理和执行来说，都是比较实用的。

示例

公司在签订、执行与管理合同中应注意的问题

一、合同的对外签订与执行问题

（一）审查合同的主体是否合格

如果合同主体不合格，那么所签订的合同书无效。在谈判正式开始之前，要认真搞好主体审查，确定对方有没有资格做这笔交易。核验对方的营业执照，了解其经营范围，以及对方的资质、资金、信用，经营情况，审查其项目是否合法。有些项目涉及专业资质或特种证书，如印刷业须有公安部门颁发的特种行业许可证，专利发明须有专利权证等，这就需要查验相关资质证书。如果对方有担保人，也要调查担保人。

一般来说，参加重要谈判的签约人应是董事长或总经理或企业法人，但是，对于具体的业务谈判，出面签约的可能是某业务人员或推销员等，这时候，也要检查签约人的资格。如了解对方提交的法人开具的正式书面授权证明，常见的有授权书、委托书等，了解对方的合法身份和权限范围，以确保合同的合法性和时效性。当然，最重要的是要有对方的合同章或公章。有了章，纵然签约代表没有授权或超出授权，按合同法规定的表见代理也应由对方公司承担责任。不过，为了避免麻烦，仔细审验还是很有必要的。

审查对方是否具有签约资格，一定要一丝不苟，切不可草率行事。对签约的另一方进行资信调查，了解对方的具体情况是十分必要的。另外，不能轻易相信对方的名片，有时候，名片头衔很大，实际上却是空的。此外在涉外商贸谈判中，要注意把子公司和母公司分开，若与子公司谈判，不仅要看母公司的资信情况，更要调查子公司的资信情况，因为母公司对子公司不负连带责任。

特别提醒：在签约时，一定要核对公章，在合同主体（甲方、乙方）上的落款必须与其公章一字不差，否则可能在诉讼中引发程序上的麻烦，甚至可能连立案都立不上。举个简单的例子，如对方为“北京某商贸有限公司”，不能写成“北京市某商贸有限公司”，虽然只多了一个“市”，但从严格法律意义上讲，这就不是同一个主体了。

（二）认真起草合同文本，做到字斟句酌，严丝合缝

当谈判双方就交易的主要条款达成一致以后，就进入合同签约阶段，一般来讲，文本由谁起草，谁就容易掌握主动权。因为口头上商议的东西要形成文字，还需要一个过程。有时候，仅仅是因为一字之差，意思就有很大区别。例如，甲公司与乙公司结算货款时，双方在合同附件中注明某年某月某日，乙公司欠甲公司尾款 1 万元，过了一个月，乙公司还了 7000 元，在原来的那张结算附件中注明“还欠款 7000 元”。后来乙公司没有按期支付剩余的款项。甲公司诉至法院，要求乙公司支付 7000 元货款。庭审中双方对乙方书写的“还欠款 7000 元”中的“还”字各执一词，甲公司认为，“还欠款 7000 元”是“还差欠款 7000 元”的意思；乙公司认为，“还欠款 7000 元”是“已经还了 7000 元”的意思。乙公司给甲公司起草一方的主动性在于可以根据双方协商的内容，认真考虑写入合同中的每一项条款，斟酌选用对己方有利的措辞并安排条款的程序或解释有关条款。所以，在谈判中，应重视合同文本的起草，并尽量争取起草合同文本。当然，因遣词造句出现歧义，且双方都能找到合理解释而又无其他旁证的，法院会采信对书写合同一方不利的解释。道理很简单，这个麻烦是由书写合同一方造成的，就得承担不利后果。

起草合同文本还需要做许多工作。例如，在制订谈判计划时，计划确定的谈判要点，实际上就是合同的主要条款。起草合同文本，不仅要提出双方协商的合同条款，以及乙方应担负的责任和义务，而且还要全面而细致地讨论和研究所提出的条款。搞清楚在哪些条款上不能让步，在哪些条款上可作适当的让步，以及让步多少，等等。这样双方就拟定合同的草稿进行实质性的谈判时，就掌握了主动权。

（三）对重点条款严格把关，清晰表述，不产生歧义

谈判所涉及的数量、质量、货款支付以及履行期限、地点、方式等，都必须严密、清楚，宁拙毋巧，否则会造成不可估量的经济损失，合同太笼统了也不利于合同的履行，易使对方钻空子，起歪心眼。例如，前几年司法案例中出现的西城区某宾馆，为了升级换代，改造一批客房，向中关村某经销商购进一批台式电脑，合同注明原机主要部件须为进口产品，但当经销商送货到宾馆时，宾馆方发现经销商提供的电脑除机芯为进口产品外，其他部件均系国内组装产品。因为原

合同用语“主要部件”表意含糊不清，导致本想购买一批进口主机的宾馆却买了一批国内组装产品。其实，只要把“主要部件”到底包括哪些部件一一列明，而不是笼统地说“主要部件”就不至于产生不必要的分歧。具体来说，以下几个方面是合同条款中必须重点注意的地方：

1. 对标的物的质量标准必须明确规定。

有国家标准的，按国家标准执行，没有国家标准而有专业标准的，按照专业标准执行；没有国家专业标准的，按企业标准执行。如果有其他方面的问题必须写明。例如，北京有一个超市与一家果品公司签订的合同对标的物的描述只有寥寥七个字：“赣南脐橙五万斤”，对于脐橙的大小规格、成熟程度、外观、原产地等均没有规定。后来到货之后，超市发现脐橙个儿小，有一部分还没有完全成熟，在运输过程中出现了一些问题，有的因挤压而变形，更重要的是，买家原来是要订购原产地为寻乌县的赣南脐橙（因为赣南脐橙中以寻乌、安远、信封三个县的品种为上乘，其中又以寻乌产的脐橙为最），但双方在合同中没有注明原产地，导致卖家送货的脐橙不是寻乌产的。在双方交涉过程中，因购货方没有明确质量和产地标准，只能自食苦果了。

签订合同时，对于双方在买卖过程中所牵连到的商品，它的名称必须准确而规范。若国家统一了名称的建议采用国家统一的名称，若没有国家统一名称的谈判双方应该统一名称，必要时还要留存样品。因为有时候一物异称，异物同称的现象普遍存在。

2. 签合同不仅要做到字斟句酌、反复推敲，而且要注意合同的条款有无重复，或者前后是否自相矛盾，以免让对方钻了空子。

3. 合同必须明确双方应承担的义务和违约的责任。

在现实中，许多合同只规定了双方交易的主要条款，却忽略了双方各自应尽的责任。尤其是违约应承担的责任。这样自然削弱了合同的约束力。另外，有些合同条款虽然规定了双方各自的责任、义务，但却写得十分含糊、笼统。这样，即使一方违约，也无法追究违约者的责任。

由于权利和义务是密切相关的，合同中规定了双方承担的义务和违约的责任，也是对签订合同双方权利的保障，否则一方违约，另一方就可能遭受重大损失。如果当事人一方不履行合同中规定的义务，或者履行的合同义务不符合约定的，应当承担继续履行、采取补救措施或者赔偿损失等违约责任。当事人一方明确表示，或以自己的行为表明不履行合同义务的，对方可以在履行期限届满之前要求其承担违约责任。若对违约责任没有约定或约定不明确的，通过双方协议仍不能明确的，受损害方根据违约以及损失的大小，可以合理选择要求对方承担保修、更换、重作、退货、减少价款或报酬等违约责任。当事人一方履行义务不合格的，在继续履行或采取补救措施后，对方仍有其他损失的应当赔偿损失。由于当事人一方不履行或履行合同义务不符合约定而造成的损失，损失赔偿额应当相当于因违约所造成的损失，还包括合同履行后可以获得的利益。

4. 重视合同的担保条款及诉讼管辖条款。

合同的担保是保证协议切实履行的一种法律关系。担保是指在谈判时，一方或双方请保证人以其他的方式来保证其切实履行协议的一种形式。担保是由国家法律规定的或由双方当事人协商确定的。从法律性质看，担保有一般担保与连带担保两种。从担保形式看，合同的担保主要有以下几种形式：

（1）保证。保证是保证人担保被保证人履行合同，当被保证人不履行合同或不完全履行合同时，由保证人承担赔偿损失的责任。

（2）定金。定金是签订合同的一方当事人，为证明合同的成立和保证合同的完全履行，要在标的物价款或酬金的数额（一般不超过20%）范围内，预先给付对方当事人一定数额的货币。定金的作用：一是证明合同的成立。一方当事人在签订合同时，担心对方当事人悔约，而给付定金，只要对方当事人接受定金，这就是经济合同成立的法律依据。二是一种担保形式。它是在没有第三人参加的情况下，双方当事人为了保证合同的切实履行而协商约定的法律关系。因此，如果接受定金一方不履行合同，应当双倍返还定金，如果给付定金的一方不履行合同，则无权请求返还定金。所以，定金既有担保作用，又可以补偿不履行合同所造成的经济损失。

定金与预付款不同。定金的主要作用：一是证明合同的成立；二是保证合同的履行。而预付款却没有这样的作用，给付预付款的一方不履行合同时，在承担由此造成的经济责任后，有权请求返还预付款或抵作赔偿金、违约金；接受预付款的一方不履行合同时，在承担经济责任后，应如数返还预付款，但无须双倍返还。

特别注意"定金"与"订金"的差别。如上所述，定金有担保作用，涉及双倍返还或无权要求返还的问题；订金只是预付款，不具有担保性质。两个措辞相近，极易混淆，但法律性质迥异，所谓"差之毫厘，谬以千里"。

（3）质押。质押是指担保债权的履行，债务人或第三人将其动产或权利移交债权人占有，当债务人不履行债务时，债权人有就其占有的财产优先受偿的权利。

（4）留置。留置也是协议担保的一种扣留措施。这种担保形式常常用于原料加工、保管和工程项目的合同关系。如加工承揽合同中，定作方把一定的原料交给承揽方加工，如果定作方不按约定期限领取定作物，承揽方有权留置其定作物；如果超过领取期限仍不领取，承揽方有权将定作物变卖，所得价款在扣除报酬、保管费用之后，用定作方的名义存入银行，承揽方的这种权利，叫作留置权。

（5）抵押。抵押也属于一种担保形式。是指协议当事人一方或第三人为履行协议向对方提供的财产保证。提供抵押的一方当事人或者第三人称抵押人，接受抵押财产的当事人称抵押权人。抵押人不履行协议，接受抵押人有权依法变卖抵押物，从所得价款中优先得到清偿。但是，不能把国家法律、法令禁止流通和禁止强制执行的财产做抵押。

特别提醒：以汽车、房产等做抵押的，一定要到车管所或房管局（房屋交易中心）办理相关抵押登记手续，没有办理抵押登记手续的，纵然合同有抵押规定，纵然抵押权方拿到了车辆登记证或房产证，也是无效的。

合同的诉讼管辖条款也十分重要，涉及发生纠纷之后到什么地方的法院或仲裁委员会起诉解决的问题。为了节省诉讼成本，同时防止对方地方保护主义，最好选择在自己一方所在地法院管辖。

（四）如何解决合同执行中的纠纷

在合同的实际履行中，发生矛盾、纠纷是不可避免的事，这不仅关系到合同当事人双方切身的经济利益，也关系到合同能否继续执行的问题。因此，一旦出现矛盾纠纷，必须及时、合理地加以解决。

1. 作出适当让步，双方自行和解是解决矛盾纠纷的方法之一。纠纷出现后，一般人都会想到上法院打官司。打官司是一条解决问题的途径，但是如果有其他途径，可以避免打官司。因为有些商人做一些生意正红火，需专心致志地继续经营，所以会对对方作出合理让步，使双方相互谅解、协调，而后解决矛盾。因为法院解决方式有严格的程序要求，需要付出一定的时间和人力等多种成本。

作出适当让步，是协调方法之一。有时，双方本来关系就很密切，或者对方在商业场上有地位，如对方是某种紧俏类商品的大货主，或是本公司产品长期的购货单位，对于这种情况就该采取让步的策略，适当妥协，牺牲眼前利益以保持长远的利益，否则会因小失大。

又如，你承包了一家酒店，生意十分兴隆，房东可能觉得你一定赚了很多钱，产生嫉妒心，要求重新协议合同条款，增加每月租金。一般情况下可不予理会，若关系太僵会影响客源等，则应该考虑采取什么措施来应付这种情况，如果房东提出要求合理、合情，可面谈条件，作出适当让步，并好好合作，若房东提出的要求太高，则可考虑打官司并另择他处营业。

2. 调解是解决合同纠纷的主要办法。从合同纠纷处理情况来看，多数都是由调解解决的。

在合同当事人双方无法自行和解的情况下，可请双方都信任的第三方居中调解或者诉至法院后由法官主持调解。这也是快速便捷解决问题的一个有效途径。

3. 诉讼或仲裁。诉讼与仲裁不能同时兼容，只能选择其一。而且选仲裁必须写明具体的仲裁委员会的全称，不能笼统地写交仲裁机构仲裁。在格式合同有多个选项时，一旦选定其中一个选项，最好把其他选项删除，以免引起不必要的分歧。

二、合同的内部管理问题

上面说的是合同的对外签订与履行问题，现在再回到公司内部，谈谈合同的内部管理问题。

公司合同的管理流程主要包括：合同文本草案的提出、审核、确认、签署、执行与存档等环节。

1. 合同的提出

这是合同管理流程的发起环节。业务经办人根据公司业务需要及主管领导的指令，发起合同行为，提出合同文本，或接收对方提出的合同文本，提交部门负责人审核。业务经办人应重点关注合同的主体、合同的标的、价款与支付方式、违约责任等主要条款与结构是否完善，用词是否准确一致。为提高合同行为和管理流程的效率，业务经办人将合同草案提交部门负责人审核时，应同时将对方的主要情况、合同目的与核心内容、可能出现的风险予以说明。

2. 合同的审核

对于合同文本，由业务主办人员提交领导初审后，连同领导意见与签约背景、合同目的等情况转告公司法律顾问，由法律顾问就合同的合法性、严密性、可行性、合理性、可能出现的法律风险、成立与生效、违约后果以及合同的措辞行文等内容进行全面审核。重点审查以下内容：当事人有无签订、履行该合同的权利能力和行为能力；合同内容是否符合国家法律、政策和规定；当事人的意思表示是否真实、一致，权利、义务是否平等；订约程序是否符合法律规定；合同应具备的条款是否齐全；当事人双方的权利、义务是否具体、明确；文字表述是否确切无误。可能出现的法律风险、合同非正常履行时可能遭受的经济损失，等等。

法律顾问审核完毕，再由业务主办人员或合同管理人员提交公司负责人进行最后确认。依流程审核确认的合同文本才能提交对方或签署。

3. 合同的签署

合同经公司法定代表人或其授权的负责人签字并盖章，方能成立。授权书应以书面文件为依据，明确授权事项、授权范围、授权时限等。盖章时，无论哪一方，都应盖公司合同专用章或公章，切忌盖财务章或部门章。

4. 合同的执行与存档管理

对于已签署的合同，业务经办人和部门应认真关注合同生效条件、生效时间，及时依照生效合同，实施相关业务。

在执行合同过程中，业务经办人应关注市场、公司和合同相对方可能出现的重大变革情形，及时提出应对方案，以便修订合同或签署备忘录等合同变更措施。

公司应指定专人负责全公司所有合同的管理，已签署的合同原件统一由专人负责管理；合同复印件，根据情况要留存财务部门和经办部门，部门负责人负责本部门的合同管理。

对于已签署成立的合同，合同管理人员应依次按照合同主体、业务种类、签署时间、生效时间、是否履行完毕等标准进行分类归档；合同管理人员应对合同的外借、查阅情况进行登记。

第七节　调查取证能力

一、万事开头难——律师调查取证是关键

从根本意义上说，打官司就是打证据。“巧妇难为无米之炊”，再能言善辩的律师，没有证据支持，单凭一副铁齿铜牙、三寸之舌，就算你说得头头是道，雄辩滔滔，也难以被法官采信。法庭辩论不是表演赛，讲究的是言之有据、言之有法，摆事实、讲道理。而法律人眼中的事实有两种，一种是客观事实，另一种是法律事实。法律事实是客观事实的一部分，是有证据证明的客观事实。因此，开庭前的调查取证就显得尤为重要。

二、律师调查的智慧和勇气

在我看来，提高律师调查取证能力的关键在于“胆大、心细、脸皮厚”七个字。胆大讲的是勇气，敢于直面现实，不畏权势，敢于争取，敢于斗争；心细讲的是智慧，善于动脑筋，想办法，善于争取，善于斗争；脸皮厚讲的是放下身段，主动出击，巧妙周旋。

下面讲的是我本人亲身经历的另一个调查取证的故事，或许对你会有所启发。

2004 年仲夏的某一天，当事人徐先生来我们所咨询，我负责接待。徐先生被一个打着民办教育促进会“旗号”的骗子刘某骗走 10 万元推广费。徐先生想委托我们找找刘某，待找到刘某本人，再去公安局举报。根据徐先生的陈述，刘某个头比较矮，1.63 米左右，梳着大背头，讲究打扮，衣冠楚楚。他在北京有办事处，但不知具体地址。徐先生是从网上了解对方资讯的，我马上上网搜索该促进

会和刘某的名字，发现其办公地址在北京海淀区的某个小区里的一座塔楼上。接受徐先生的委托后，我与另一名律师驱车前往该小区，上到该塔楼时，发现铁门紧锁，门把和门页都布满尘土，显然很长时间没人出入了。按了几次门铃也不见里面有什么动静。我们下楼找物业工作人员了解情况，他们警惕性很高，拒绝透露任何情况。我们不甘心无功而返，在小区继续转悠，找到了一个附近的居民。先聊了聊家常，谈得很投机。说到兴起时再逐步切入主题。从她口中得知确实有这么个人，因这个人特点比较明显，尤其是梳得油光锃亮的大背头，给人印象非常深。在她的热心帮助下，我们找到居委会，从居委会那里了解到我们要找的刘某现已搬至本小区另一塔楼。谢过这位热心居民后，我们径直上到刘某住处门口，敲门后隐约听到里面有动静，我们接着多次敲门，却再也听不见里面有什么声音。我们觉得屋里肯定有人，而且刘某就在里面。再看看门口的电表转得飞快，更能推断里面有人在大功率用电，很可能是开了空调。我们一直堵在门口并赶紧联系当事人，叫当事人报警。10 分钟后，当事人和警察先后来到现场。警察朝里面喊话表明身份后，一个大背头胖子出来开门，徐先生一眼认出他就是刘某。就这样，经过艰苦细致的调查工作，终于帮助当事人找到嫌疑人。

三、律师调查的合规问题

调查取证最好两个律师一起参与，一个询问，一个记录。条件允许的话，尽可能全程录音录像，锁定调查取证的全过程。一定要注意自身安全，包括人身安全和执业安全，不要为了追求诉讼结果而违法违规取证。否则，不仅所取得的证据本身不合法，不会被法院采信，就连律师自身的执业安全也会受到一定影响。因此，律师取证一定要慎之又慎。

第八节　交际和沟通能力

一、律师与当事人的交际与沟通

说起律师与当事人的沟通问题，首先要厘清律师与当事人之间的关系。在我看来，正常的律师与当事人的关系应该是战略合作伙伴关系，既有合作，又有斗争。在合作中保持律师相对的独立性，不完全为当事人所左右。具体来说，一旦接受当事人的委托——这种委托关系从形式上看是律师事务所与当事人的关系，但实际上是通过律师与当事人的关系体现出来的，律师就应该实实在在为当事人办事，尽心尽责维护当事人的合法权益，尽量将这种合法权益最大化。同时，律师不是当事人雇用的员工，在执业过程中有其独立的地位，并不完全受制于当事人。律师对案件走向的预判、对法律风险的防范、对法律解决方案的选择都比当事人更专业、更有经验，因此律师有能力更有责任为当事人提供最优选择。但因法律风险和法律结果都是由当事人来承受的，且律师眼中的最优选择也是根据执行经验和执业水准来预判的，到最后未必就是最优选择。所以律师既要起到主心骨的作用，又要把各种风险向当事人讲清楚。

明白了上述关系，就能从大局上把握与当事人的沟通问题。首先，本着合作关系，律师应多与当事人沟通，经常反馈案件进展与律师的工作情况，让当事人觉得律师在诚心诚意为他服务。因为除现场庭审外，当事人很难看到律师的全部工作情况，当事人缴纳费用委托律师之后，如果老听不到律师反馈的情况，他就可能认为律师只收钱不办事，没做什么工作。有句话说得很好：一次沟通能获得理解，二次沟通能获得信任，时时处处沟通能获得支持与帮助。只要你给案件当事人做了工作，无论案件大小，都要及时反馈。有时候哪怕是细小琐碎的工作，如给法官打电话询问案件什么时候开庭，法官说等通知吧，你也得给当事人说一下。

其实，这种沟通技巧并不神秘，也不是“高难动作”。在我看来，避免投诉的根本之道在于：严格规范的程序 + 专业高效的工作 + 良好的沟通技巧。良好的沟通技巧往往能起到“相逢一笑泯恩仇”的神奇效果。

在不违反法律规定的情况下，尽可能让当事人看到你的工作过程和工作成果，证明你确实为他尽力做了什么。比如，当你曾打电话询问法官案件进展情况，法官并未给出一个具体的日程安排，只是让你等等再说。在此情况下，如果你只是跟当事人说，我打电话问了，让我们再等等吧。当事人或许心存疑惑：到底问没问啊？如果你能把通话记录以微信截图形式发给他，证明你确实打过这个电话，就能消除他心中的疑虑，起到更好的沟通效果。再如，你把书面代理意见提前发给当事人，征询当事人的意见，也有助于加强与当事人的沟通。

二、律师与司法部门的沟通

除要与当事人沟通外，律师与司法部门的沟通也不可忽视。与当事人的沟通是平等主体之间的沟通，并且是能够作出选择的，是自愿基础上订立的合同。

我能给大家分享的一点与司法部门沟通的经验是，态度上热情礼貌，原则上恪守底线，工作上认真细致，方式上灵活应变。热情有礼的分寸是如迷路的人向陌生人问路态度那样，有礼貌而不过头。对于原则问题，必须据理力争，不能让步。

工作上认真细致，就是深入细致地研究案情，同时熟悉法官的工作流程，知道案件进展每一个环节的关键所在，做到心中有数。这样就能沉稳而又迅捷有效地应对法官，避免因慌张忙乱而错漏百出的尴尬局面。法官实际上是特别欢迎这种认真研究案情的律师的。方式上灵活应变，就是要审时度势，根据客观情况的变化来不断调整自己的应对策略。律师工作最讲究灵活性，切忌“一刀切”。我曾代理的一个继承纠纷的案件，当事人双方为兄弟关系，父亲亡故后哥哥供养弟弟读完大学。后来哥俩儿因继承父母的房产问题闹得不可开交，双方都伤心至极（越是亲情骨肉伤害越深）。首次开庭时，我代理的哥哥一方作为原告，在我的说服下率先同意调解。不料对方不领情，拒绝调解。开庭后对方又给法官打电话表示愿意调解。法官在征询我方意见时也力主调解。哥哥开始觉得上次开庭时弟弟拒绝调解驳了自己的面子，坚决不同意再度调解。我觉得本案完全可以调解，就对当事人动之以情，晓之以理：毕竟是血浓于水，再怎么对簿公堂也割舍不断兄弟亲情。由于律师工作到位，触动了当事人内心深处那根亲情之弦，终于化干戈为玉帛，二人握手言和。在一定程度上讲，律师在调解的方面下功夫，就是帮助法官做到案结事了，平息纠纷，止诉息争。

第九节　案件归档总结能力（一案一小结）

案件审理完毕，领到判决书或调解书，是不是意味着代理工作就彻底结束了呢？不是的，接下来还有两项工作要做：

其一，及时将诉讼结果告诉当事人，详细解读判决书或调解书，说出律师建议，征求当事人对案件结果的意见，是否需要上诉，千万别过了上诉期再告诉当事人。有的当事人败诉后对领判决书没有积极性，即使你给他代领了，他也不一定过来取，你想送过去，还不一定能找到他本人。这时就需要律师做好自我保护工作，最好在电话告知他判决结果时就做好录音，并询问他是否上诉，上诉的最后期限在哪一天。当然现在还有一种简单而有效的通知方式，把判决书拍照，发微信给当事人，再附上你对判决结果的看法，以及有关最后上诉期限的说明，明确上诉期限的最后一天是哪一天。

其二，做好归档、总结工作。案件归档可以保护卷宗材料，方便日后查阅。不仅方便律师自己查阅，也方便当事人查阅。归档也是司法行政部门对律师工作的一个基本要求。在我的当事人中，有的在案件结束数年，乃至十年后还来查阅卷宗材料的。我所保存的卷宗曾为当事人起到不可替代的作用。

那么应怎样归档？哪些材料应当归入卷宗中？哪些没必要入档？这就要根据归档目的来定。如上所述，归档是为了梳理律师办案的整个脉络，为了方便日后查询。下面按照案件顺序罗列的材料，我认为是归卷必不可少的：1. 委托代理协议书；2. 律师费发票复印件；3. 授权委托书；4. 起诉状或答辩状；5. 全部证据材料（含委托方证据和对方证据）；6. 代理词或辩护词；7. 判决书或调解书；8. 结案报告。案件总结不一定要长篇大论，抓住办案过程最有特点、体会最深的东西展开，有话则长，无话则短。每一个案件，无论大小，总有自身特点，如果能用心揣摩体会，经验也好，教训也罢，诉诸文字，日积月累，律师能力总会有提升。

第十节　风险防范意识

一、语言表述得体

律师是法律工作者，不是伦理学家，律师的发言应从法律的角度立论，不要给对方作道德评价，更不能把侮辱、谩骂等带有人身攻击的言语带进法庭。否则，不仅有损律师形象，还可能给律师带来麻烦。

二、住行风险提示

要住正规宾馆，打正规出租车。如果到偏远地方，先记住车牌号和司机特征，途中多聊对方情况，少说自己情况。万一出事，报警时能方便警察尽快找到嫌疑人。

很多人以为律师办案的风险主要来自刑事案件，其实，民事案件也同样充满风险，尤其在离婚案件中，从男女双方的情感心理来看，争执双方都可能很排斥对方在博弈中增加力量，难免会把怨气撒到对方律师身上。

三、锻炼身体，保持良好心态，增强抗风险能力

律师，尤其是还没挣到多少钱的年轻律师，收入有待提升。为了挣钱养家糊口，买车买房而不顾身体，玩命儿工作，结果落下一身病，到老了却用钱来治病。正所谓年轻时用命换钱，老了用钱换命。其实大可不必如此，钟南山院士有句话，我觉得很适合年轻律师：工作是皮球，掉下了还能弹回来；身体是玻璃球，掉下

去就碎了。努力工作是应该的，注意劳逸结合，锻炼身体也是必需的。同时由于工作压力大，律师还要保持良好的心态，做好自我调节。请记住，只有自己照顾好自己，才能增强抗风险能力。律师要有强健的体魄和旺盛的精力，应当尽可能地合理安排饮食、作息时间规律、经常锻炼身体。律师工作的性质决定了律师必须有一个能扛、能打、能折腾的好身体。律师工作时间没有规律，休息、吃饭时间不固定，压力大，烦恼多，少人理解，没人倾诉。如果没有好的、强健的身体，再伟大的抱负也无法实现。近年来，一些优秀律师英年早逝的消息时有所闻，应当引起我们的重视和警醒，律师是时候重视自己的健康问题了。

第三章

确立专业，追求卓越

——在专业领域精耕细作

第一节　专业化是律师发展的必然趋势

初入门的律师首先要解决生存问题，在没有经验也没有案源的情况下，只能是有什么案子就做什么。但是，当你的业务发展到一定程度，能解决生存以后，就必须考虑专业化的问题了。当然如果只是做一个小律师或者只是在一个小城市执业的律师，可以不用考虑专业化问题。但如果你置身大城市，想做一个高层次的律师，就必须考虑从“全科”向“专科”发展的问题。

当然，专业化也必然会带来一些问题，如会失去一些业务，专门做刑事案件的律师，对于婚姻案件就必须舍弃，随之丢掉一些业务收入，也会失去一些客户。律师做案子，具有滚雪球的广告宣传作用，通过办案得到客户的认可，这个客户以及他的朋友以后再碰到案子，可能都会来找你。但如果你没有去做专业之外的案子，也就意味着你失去了这个客户及他的朋友，以后他及他的朋友碰到与你的专业有关的案子，可能也找不到你。但是，相比较而言，律师专业化的优势更加明显。

1. 专业律师是律师最好的营销手段。律师营销的是个人，与其他行业有不同之处。而营销个人的核心，就是在营销自己的专业功底、执业经验、执业技能和执业操守。什么业务都营销，使得律师营销没有特色，没有品牌，也失去了核心竞争力。

2. 专业化有利于自身专业知识的迅速提升，并能在当事人的选择中形成一个排他性的圈子。

只有专业律师，才有可能在某一领域，具有深厚的法学功底，才有高超的执业技巧；只有专业律师，才能熟悉某一领域的每一个重要环节；只有专业律师，才熟悉某一领域相关人员的心理底线和潜在规则；只有专业律师，才会真正关注某一领域的法律事务，才能对客户充满热忱；只有专业律师，才有充足的时间，处理某一领域的方方面面。

大家都知道律师有专业分工，都乐意选择专业方面有建树的律师来处理自己的案子。当事人在挑选律师时，一定不会把案子交给那些“万金油”律师或者是非本专业律师。这样，本专业律师实际上就在当事人的选择中形成了一个排他性的圈子，别的律师不可能入他的法眼。

3. 专业化有利于律师在业内成名，形成核心竞争力，并由此带来更多的客户。

律师一旦确立专业定位，必定在其专业领域有更深的钻研，能把案件做得更出色，同时也对此类案件更有感触体会。他可能更有写专业文章的冲动，也更有可能参加某类研讨会或加入某一专业委员会，更有可能接触到关注此类案件的媒体，更能获得客户的良好口碑。如此这般，其在律师行业内外成名肯定要比非专业律师早。

什么案子都做的“万金油”律师，虽然一时可能案子比较多，业务收入比较高，但随着时间的推移，他的不利因素就会体现出来：由于知识更新太快，人的精力又是有限的，很难赶上知识的更新速度，后期发展会越来越慢。相反，定位专业化的律师，由于只专注某一领域，可以很快地更新知识，随着时间的推移，业务会越来越多，逐渐形成自己的核心竞争力，其他律师就很难与之分一杯羹。

第二节　确立专业方向，由“全科”向“专科”迈进

认识到律师必须走专业化的道路，接下来的问题是，如何确立自己的专业方向，成为一个地地道道的专业律师？本人以为，在专业方向的选择上，有以下几方面可供参考。

1. 兴趣爱好。有兴趣，你才能在你所驰骋的领域保持持久的热情和充足的干劲，才能一直干下去。当然，对于兴趣的理解不能太机械。这个兴趣可以是你在学习时培养的，也可以是在工作中培养的。有的人在校学习时，对某一法律专业了解不多，不太感兴趣，但在工作中接触较多，而后对此产生兴趣。

就我本人而言，我在上学时对刑诉法、刑法、法理学比较感兴趣。当时给我们上刑事诉讼法课的是郑旭老师，上法理学课的是陈步雷老师。虽然那时他们俩都是在读博士生，但都才华横溢，又都师出名门，不仅专业学养深厚，还有一手讲课的绝活。能把原本枯燥的法律课上得风生水起、绘声绘色，同时还不偏离专业。在他们二位的引领下，我对刑诉法、法理学课产生了浓厚的兴趣，课堂上与老师互动时，我总是最积极、最活跃的一个。陈步雷老师特别善于从形而上的角度思考问题。这直接影响到我日后撰写辩护词时，喜欢从立法背景、立法宗旨方面去解释法律条文背后的本质内涵，夯实辩护观点的理论基础，能让法官在审读辩护词时眼前为之一亮。说实在的，从接受法律专业教育时期开始，我就萌生日后在刑事法律领域发展的志向。

当然，理想很丰满，现实很骨感。在我参加工作后，却发现做刑事案件的门槛很高，拿到卷宗常常茫然无措，无从下手，当事人家属难免会情绪低落、唉声叹气。我入职的第一家律师事务所有不少刑事业务，主办律师经常给我们讲解刑事案件，带我去看守所会见被告人，并把一些辅助工作给我做。开始是赶鸭子上架，硬着头皮上，后来逐渐找到了一些感觉，再后来竟然觉得这是一个很有兴趣

的广阔天地，大有可为。就这样我逐渐成了一名刑事领域的专业律师。

2. 你所在的律师事务所给你的专业发展提供的业务支持。有业务才能有实践，才能有练手的机会，才能在这个领域锻炼成长。当你自己一无所有，两眼一抹黑的时候，你所在的律师事务所的业务将对你的专业定向起到至关重要的作用。多数专业律师的成长都与当初律所提供的业务有关。

3. 市场前景。从市场前景看，各专业都有优劣。建设工程、公司改制等专业，涉及标的大，但市场份额相对固定，新手很难进入这些领域或者说进入这些领域的时间成本太高。中小企业作为新生力量，数量多、分布广，有法律需求却没有固定的律师做法律顾问，新手律师便可尝试从这些企业中找到施展拳脚的空间。

有了专业定位，怎样发展自己的专业特长，进而成为这方面的专业律师？什么样的律师才算是专业律师？这肯定是很多刚入门的律师想问的问题。由于各专业都有自身特点，很难一概而论，接下来的第三节，就以刑事专业为例，详细阐述专业律师的成长历程。以刑事专业为例，不仅是因为我本人是刑事专业律师，熟悉这一专业，也是因为刑事辩护是律师制度的起源与基础，是诉讼律师的基本功，也是诉讼律师的看家本领。

第三节　窥斑知豹，从刑辩律师的基本素养看律师专业化问题

刑事辩护律师应该具备何种素质，掌握哪些办案“绝活”才算达到专业水准？

首先，是刑事法律知识的积累，你在刑事法律方面的知识积累和运用应当明显优于其他律师。从《刑法》及其修正案、《刑事诉讼法》这些法律到相关的司法解释以及规范性文件，都应熟稔于心。对于常见罪名的犯罪构成要件和刑期、涉案数额中数额较大、数额巨大、数额特别巨大的界定等都要记住，至少要有大致的印象。对刑事诉讼程序中的常见问题，如律师在刑事诉讼三个阶段能给当事人提供什么法律服务？当事人的亲友被警察带走了该怎么办？如何申请取保候审？哪些案件哪些人容易取保？在为被告人争取从轻处罚方面，家属能配合做哪些事情？从拘留到判决要多长时间？刑事业务律师对诸如此类、不一而足的问题应有清晰的了解，能驾轻就熟地应对。

其次，刑辩律师具有独立思考的批判性思维，不人云亦云，能发出自己的声音。比如，小到一个对电影的评价，都不要人云亦云，要有自己的思考，这正是一个刑辩律师需要的批判性思维。刑事辩护所谓“辩”，其实就是对控方起诉的一种法律批判。可以说刑事指控是在证实犯罪事实，刑事辩护是在证伪犯罪事实，需要的是一种摧城拔寨的功夫。

最后，更重要的是，在办案实践中积累的丰富经验和驾驭刑事案件的能力，这才是区分刑事律师与其他律师的最重要标志。

具体到刑事律师的办案实务，还是分阶段阐述比较贴近实际。

侦查阶段——了解案情，法律咨询，告知权利，取保候审

1. 接待与会见

当事人的亲属被警察带走后，内心一定是着急的。律师首先要安抚当事人的

激动情绪，然后给他以专业的解答，减轻其心理压力。因此律师应该是一个耐心的听众，仔细倾听当事人的诉说。在倾听中注意面对当事人，眼睛注视对方，少接电话或接电话时简要交谈，以防打断当事人的思路。当事人的倾诉可能会较为详细。只要时间允许，律师还是少做“你还是简单说一下”或“这个问题与案情无关”之类的提示。听完当事人的叙述后，把他说的大意概括归纳一下，给当事人一个详尽的答复。在解答问题时尽量简明扼要、直奔主题，既要考虑法律术语的专业性，也要以通俗易懂的方式讲解，让人听明白。

一旦接受委托，就不要辜负当事人对你的信任，拿出有价值的工作来回报当事人。其中最重要的第一步工作就是尽量第一时间申请会见。迅捷高效的工作作风既是执业律师的勤勉操守要求，也是抚慰当事人的利器——一个刑事案件，对于律师而言可能只是一个小案子，但是对于犯罪嫌疑人、被告人及其家属而言却是急需救济。

申请会见的手续比较烦琐，包括提供授权委托书、律师事务所介绍信、律师证原件和复印件、委托人的身份证复印件、委托人与嫌疑人的亲属关系证明（结婚证、户口簿或派出所开具的亲属关系证明信）。上述文书有可能的话，尽量多准备一份，以便填写错误时能及时补救。如果遇到上述特殊案件不能安排当场会见的，一定要在授权委托书或提交的其他函件上写上你的联系方式，手机保持24小时开机状态。切记手续要准备齐全，尽可能多备一份，因看守所一般在交通不便的偏远地带，如果因手续不全再回律师事务所去补办就来不及了。这无形中会让委托人对你心生不满，甚至因此失去当事人的信任。

会见时要问什么问题？了解哪些情况？告知被会见人哪些注意事项？为了提高会见质量，会见前最好列个提纲。提纲内容包括：（1）表明律师身份，说明接受谁的委托，要做犯罪嫌疑人、被告人侦查阶段的律师，询问他是否同意。（2）询问因何事进来的，让他阐述事情经过。（3）针对案件情节进行提问，如使用什么工具？在共同犯罪中起到什么作用？有无犯罪未遂或犯罪中止的情节？怎么到案的？是否主动归案？有无投案自首情节？等等。（4）让嫌疑人谈一下自己对案件的认识，如是否认罪？是否同意赔偿被害方损失？有无特殊身份（人大代表、政协委员）？（5）宣传法律知识，介绍嫌疑人或被告人所涉罪名的犯罪构成，说明根据嫌疑人本人叙述的情况，其行为是否构成该罪，该罪的量刑幅度有多大；根据嫌疑人叙述的情节，应处于哪个量刑幅度内。(6) 询问嫌疑人有没有受到刑讯逼供或其他侵犯权利的情况，如有可以代理其申诉、控告。(7)告诉他法律有关自首、立功的规定。询问他是否有立功或自首情节。(8) 了解侦查讯问情况，侦查人员讯问几次了？问话的重点是什么？嫌疑人是如何回答的？

会见提纲示例

会见目的：了解李某涉嫌盗窃案的基本情况。据委托人——李某的姐姐陈述，李某去年随老乡到北京市某桥梁施工工地打工，前天被警方带走，昨天被刑事拘留。李某的同事转告李某姐姐的情况是：李某按他老板（包工头）的意思，参与盗窃工地钢材，具体情况不明。

会见步骤：

（1）表明自己的律师身份，核对李某身份，说明受谁委托来会见，询问李某是否同意自己做其侦查阶段的律师。

（2）说明李某涉嫌的罪名，询问他是否认可该罪名。详尽说明刑法关于盗窃罪的构成要件。

（3）要求李某详细陈述事情经过，特别注意以下几个问题：李某是否参与盗窃？如果参与，他起什么作用？是谁策划、指挥的？共有多少人参与？使用什么工具盗窃？该工具是否已被警方缴获？涉案数额多大？李某在提审时是如何供述的？李某的供述对警方彻底侦破此案起多大作用？李某与老板的关系？李某在参与盗窃前是否知情？老板有无许诺给李某好处费？事成后李某有无实际获取利益？

（4）本案有无犯罪中止、犯罪未遂的情节？李某有无自首、立功表现？

（5）李某的归案情况：是当场抓获还是事后警方传唤到案的？如果警方电话传唤后，李某前往警方指定地点，并如实供述的，可视为自首。如果是警方现场抓获的，询问李某是否配合，有无抗拒抓捕的情节。

（6）向李某阐明刑法关于盗窃罪的量刑标准：数额较大的处三年以下有期徒刑、拘役或者管制，并处或者单处罚金；数额巨大或者有其他严重情节的，处三年以上十年以下有期徒刑，并处罚金；数额特别巨大或者有其他特别严重情节的，处十年以上有期徒刑或者无期徒刑，并处罚金或者没收财产。

（7）警方讯问几次了？问了什么问题？李某是怎么回答的？

（8）根据实际情况告知李某其家属已向警方提出取保候审申请，问李某需要家属寄什么衣物，需要存多少零用钱，有没有生活方面的事情要交代的（如还信用卡、还房贷、续话费之类的）。

2. 取保候审

由于取保候审能立即恢复基本自由，且司法实践中取保候审之后多半能判缓刑，所以取保候审就成了当事人的首选。

（1）取保候审的适用对象

不是什么案件什么人都适合取保候审，只有下列人员才能成为取保候审的适用对象：①可能判处管制、拘役或者独立适用附加刑的；②可能判处有期徒刑以上刑罚，但实行取保候审不致发生社会危险性的；③有逮捕必要，但因患有严重疾病，或是正在怀孕、哺乳期的妇女，不宜逮捕的；④犯罪嫌疑人、被告人被羁押的案件，不能在法定的侦查羁押、审查起诉、一审、二审期限内办结，需要继续查证、审理的。

（2）取保候审与案件结果的关系

一般来说，取保候审之后，只要没有违反相关规定，收监羁押的可能性较小，最后多数都适用判处缓刑。但这也不是绝对的，案件最后判处实刑的也有。

（3）取保候审的程序规定

人民法院、人民检察院和公安机关决定对犯罪嫌疑人、被告人取保候审，应当责令犯罪嫌疑人、被告人提出保证人或缴纳保证金。

犯罪嫌疑人被逮捕的，聘请的律师可以为其申请取保候审。逮捕前，近亲属可以申请为其取保候审。

人民法院、人民检察院和公安机关对犯罪嫌疑人、被告人取保候审最长不得超过十二个月。具体根据案件情况，参见法律规定办理。

取保候审实务操作

申请取保候审的主体：对于取保候审的申请主体即申请取保候审的主体资格问题，《刑事诉讼法》第九十七条明文规定："犯罪嫌疑人、被告人及其法定代理人、近亲属或者辩护人有权申请变更强制措施……"这是一项授权性规定，也是一项排他性规定，即将申请取保候审的主体资格授予了已被羁押的犯罪嫌疑人、被告人本人和他们的法定代理人、近亲属或者辩护人。

律师申请取保候审的优势：律师已介入案件，在会见嫌疑人的过程中，对案情有了一定的了解，且对是否符合取保条件有更专业的认识。更有利的因素是，《刑事诉讼法》第八十八条扩大了律师的权利，增加了律师对于审查批捕犯罪嫌疑人提出意见的条款，且明确规定辩护律师对于检察院审查批捕要求提出意见的，应当听取辩护律师的意见。这条第二款规定："人民检察院审查批准逮捕，可以询问证人等诉讼参与人，听取辩护律师的意见；辩护律师提出要求的，应当听取辩护律师的意见。"这就为律师介入审查批捕提供了法定依据。辩护律师要充分利用这个权利，当发现案件有不予批捕理由的，应尽量以《律师意见书》或《恳请不予批捕意见书》等书面形式，向办案机关提出。当事人家属顺便配合律师提出取保候审申请，是变更强制措施，最大可能争取取保候审的法定途径。

示例一

律师意见书

尊敬的北京市 ×× 区人民检察院：

北京某律师事务所接受贵院受理的涉嫌妨害公务案件犯罪嫌疑人程甲家属的委托，指派黄天时律师担任程甲的辩护人。本辩护人通过会见，对本案情况有了基本了解，在此基础上结合从其父母处了解到的程甲平时表现以及即将赴国外攻读硕士学位的现实情况，提出如下律师意见，恳请贵院不予批捕程甲。

一、程甲袭警的行为是在其醉酒且完全失忆状态下做出的，情节比较轻微，建议贵院对程甲不予批捕，变更适用取保候审措施。

根据程甲在律师会见时的陈述，他在 2016 年 6 月 1 日傍晚下班后与两个从东北过来的同学郭某、刘某斌一起到东直门簋街的一个餐馆喝酒，平时不大喝酒的程甲，在北京见到老同学，一时高兴喝多了。其本人喝了三四瓶啤酒，喝到晚上十点多，当场就醉了，之后是怎么离开簋街的，发生了什么事，至今毫无记忆。直到次日早上八点才醒酒，发现自己在派出所了。在做笔录时，才从民警那里了解到事情发生原委：程甲醉酒后走到一户居民家，以为是自己家，敲开门后与主人发生冲突。主人报警，两个出勤民警来到现场，程甲踢了其中一个民警一脚，还打了民警一拳。后被民警控制住，留在派出所过了一个晚上。

本辩护人会见时，反复询问程甲案发情形。程甲一直坚定答复，确实记不起了，一点印象都没有。当得知事情真相后，程甲深感后悔，痛哭流涕。让律师转告其父母代其向民警和被打扰的居民赔礼道歉，赔偿损失。上网搜索“醉酒失忆”关键词，发现酒中的乙醇、杂醇油等物质具有刺激和麻痹中枢神经的作用，过度饮用会出现人体部分机能阻断，其中包括胁迫性记忆部分或完全丧失。人体有一种本能的自我保护机制，当环境改变时，人体会通过自身的调节来适应，当环境改变超过人体调节功能时，就会出现混乱，触发“失忆”等自我保护机制。结合从程甲父母那里了解到的程甲平时表现（一向听话，诚实、上进、有爱心，从未有过违法乱纪行为），辩护人有理由相信程甲关于酒后失忆的陈述，认为其酒后扰民袭警系无心之过，且情节比较轻微，没有造成严重后果，建议司法机关对其从轻发落，无论最终是否追究刑事责任，先变更强制措施，对其适用取保候审。

二、程甲一贯表现良好，勤奋好学，乐于助人。在宽严相济的刑事政策下，对像程甲这样的青年学生的偶然失足应尽可能充分体现从宽政策，发挥刑法谦抑性功能，以教育挽救为主，不要轻易挥动刑罚大棒，把本质良好的年轻人推向社会对立面。

辩护人从程甲父母处了解到，程甲平时表现良好，在吉林某大学就读本科期间，门门功课优秀。今年三月又考取了国外大学研究生，刚刚取得入学通知书。与此同时，程甲还为人大方，热心助人，多次帮助生活困难的同学。2015 年 7 月，程甲初来北京不久，就积极向灾区捐赠衣物，获得北京市接受救灾捐赠事务管理中心颁发的“扶危济困，奉献爱心”证书，可以说程甲是个品学兼优的大学生。

程甲此次酒后滋事纯属极其偶然情况下的一次无心之举。对于像程甲这样的还在准备留学攻读硕士学位的青年学生，在宽严相济的司法语境下，应体现更大的人文关怀，让其感受到司法的人性光辉，从而达到引以为戒，痛改前非的教育感化效果，同时这几天的拘留已足以达到让其敬畏法律，铭记终生的惩戒效果了。

综上所述，辩护人认为程甲涉案情节轻微，一贯表现良好，本性良善，不予深究其一时无心之过，程甲的父母也愿意赔偿民警和居民的损失，表示真诚的歉意。妨害公务罪是个人作为行政或司法管理对象对公权力的一种侵犯，简言之，就是以私害公。我们承认公共权力必须得到尊重和维护，但是在可诉可不诉的情况下，一个决定就能挽救一个前途无量的青年学生，也算是让利于民。因此，辩护人建议先对犯罪嫌疑人程甲变更强制措施，不予批捕。

以上律师意见，系辩护人在尊重法律、尊重事实基础上的诚恳表述，深望司法机关采纳。谢谢!

辩护人：黄天时

北京某律师事务所律师

20×× 年 × 月 × 日

附：程甲品行证据（由程甲父亲提供，黄天时律师转交侦查人员）

证据一：捐助证书，证明程甲热心公益，乐于助人。

证据二：国外大学入学通知书（英文版及中文翻译件，由北京高院认可的具有国际司法翻译资质的翻译公司翻译），证明程甲学业优秀，被该校录取为电子工程专业研究生，2016 年秋季开学在即。

证据三：某翻译公司营业执照，证明该公司的翻译资质。

证据四：北京高院函，证明某翻译公司具有国际司法翻译资质。

示例二

取保候审申请书

申请人：程乙，19×× 年 6 月 12 日出生，汉族，住北京市昌平区

电话：×××

申请事项：申请对犯罪嫌疑人程甲变更强制措施，适用取保候审措施。

事实与理由：

申请人程甲成系犯罪嫌疑人程甲的父亲，程甲因涉嫌妨害公务案，于 2016 年 6 月 2 日被北京市公安局 ×× 分局刑事拘留，现羁押于 ×× 区看守所。申请人现依法申请贵局变更对程甲的强制措施，对其适用取保候审措施。

申请人程乙在北京市有固定的工作和住处，与本案无利害关系，符合《刑事

诉讼法》规定的取保候审申请人和保证人的条件。同时，申请人愿意做程甲的担保人，保证程甲遵守刑事诉讼法的相关规定，做到随传随到，不毁灭、伪造证据，不串供，不威胁证人妨害作证。如有违反，申请人愿意承担一切法律责任。

此致

北京市公安局 ×× 分局

申请人（签字）：

20×× 年 × 月 × 日

审查起诉阶段——辩诉交易的最佳时机

检察机关在这个阶段将对侦查机关上报的案件进行认真全面的审查，如果认为犯罪事实清楚、证据确凿，检察机关将依法向人民法院提起公诉。对于事实不清、证据不确凿的将依法退回侦查机关补充侦查，对于不需要追究刑事责任的将依法作出不起诉决定。

在 2012 年《刑事诉讼法》修改之前，个别人错误地认为，律师在审查起诉阶段起不到什么作用，无非是会见，取个起诉意见书和技术性鉴定材料（如伤残鉴定报告、涉案物品价格鉴定）。其实不然，就在《刑事诉讼法》修改之前，律师在这个阶段也能大有作为，根据接触到的起诉意见书和鉴定材料，能清晰了解到犯罪的涉案数额、伤情等级以及被害人提起的附带民事诉讼请求等重要案件情况。据此可以向检察院提出相关建议。

2012 年《刑事诉讼法》修改之后，律师可以在审查起诉阶段阅卷，复制全部卷宗材料，律师就能了解案件全貌，所起作用也大大加强了。此时，虽然律师还看不到检察院的起诉书（要到法院审判阶段才能取得起诉书），但综观案件卷宗材料，辩护律师能够形成基本的辩护思路了。经过系统阅卷后，可在会见被告人时核实相关材料，特别是证据材料。经仔细研究分析后，如果发现程序上的问题或者实体上的重大问题，可向检察院提出书面意见。律师通过与检察机关的接触、磋商、研讨从而让检察机关对案件有一个更加清楚的印象。为保障侦查机关对其办理的案件做到程序合法、证据确凿，检察机关对案件作出准确的定性。此时如果有了律师的参与，律师将从相反的角度，至少是不完全相同的角度与检察机关进行研讨，将会有利于检察机关综合、全面、公正地对案件进行审查，从而避免或者减少对侦查机关上报的案件先入为主。不仅仅要着眼于不利于犯罪嫌疑人的证据、情节，同时还要着眼于有利于犯罪嫌疑人的证据、情节。

同时，在审查起诉阶段，律师还可以与被害人及其家属就民事赔偿问题进行卓有成效的沟通，如能达成民事赔偿协议，在赔偿之后让被害人及其家属出具要求司法机关对被告人从轻或减轻处罚的证明，将对被告人的定罪量刑起到至关重要的作用。由此可见，审查起诉阶段非常重要，切记不可忽视，律师在这个阶段大有可为，而且可以为最后法院审判阶段做好充分的准备。

对被害人或被害人近亲属而言，这个阶段聘请律师提起刑事附带民事诉讼，是最为合适的。因为这是从侦查到审判的过渡阶段，案件基本查清，又还没最后定案，被告人及其家属此时能预知案件结果，通过协商减轻刑罚的思路比较清晰，谈判愿望最为强烈。相比较而言，侦查阶段案件尚未查清，有关鉴定结论可能还没出来，案件脉络不够清晰，此时协商，为时尚早，到法院审判阶段因审理期限的限制（一般开庭后才有机会商谈），谈判时间有点匆忙。

我所代理的被害人或被害人家属提起刑事附带民事诉讼的案件，当事人多半是在侦查阶段就来电咨询或面谈，但真正签约大都在审查起诉阶段。提交附带民事诉讼起诉状也是在这个阶段。但是，在代理当事人与对方协商谈判的过程中，一定要注意分寸，既不夸海口承诺当事人能谈成，也不对民事赔偿达成后所带来的刑事处罚结果作最后的承诺。

在审查起诉阶段我要重点说的是阅卷问题。律师的阅卷功夫，简言之，就是要在一大堆材料中找到控方的漏洞，找到有利于被告人的材料。阅卷的第一步是占有材料——把卷宗材料复印或影印下来。由于复印技术的发展，现在阅卷不像过去那样给你准备一间屋子，让你长时间地边看边记。现在可以复印或拍照，某些检察院还直接把复制好的全卷材料的光盘给律师，不仅大大方便了律师阅卷，而且还是一个节能环保的做法，不会浪费纸张了。为了防止遗漏有用的东西，我建议律师最好将全部材料复印下来，或用数码相机拍下来。等你回到律师事务所再慢慢消化、细细分析。如果为了省事或省钱，而将一部分材料漏印，等将来阅卷时发现其中有些材料还是有用的，这时去检察院补印就可能来不及了。

阅卷有没有技巧？当然有。面对一大堆案件材料，有的律师看半天都不明就里，找不到门道；有的却能一眼看穿，直击焦点。这里有经验积累的问题，也有方法论问题。最基本的方法是，分门别类，区分主次，全面阅卷与重点阅卷相结合。但无论采用何种方法，一定要做详细的阅卷笔记。

关于分门别类问题，实际上侦查机关已经把卷宗分好类了。一般分为法律手续卷、证据卷、口供卷。如果是共同犯罪案件，每个被告的口供往往单独成卷。

在具体阅卷时，首先分清主次，将重点放在证据材料部分，诉讼文书部分主要看程序上有无问题，如无问题，可先放在一边。证据部分，重点审阅有争议的事实，如同一证人证言有无自相矛盾之处，不同证人就同一事实有不一致的陈述，该采信哪位证人证言，针对检察院起诉书的指控，哪些证据不足、事实不清，哪些指控不能成立，鉴定材料是否有问题（包括鉴定程序、鉴定作价是否过高、是否具备鉴定资质），等等。阅卷时，一定要做好笔录，将发现的问题及时记录下来，以方便查找，记录的同时也能促进思考。

获取卷宗后，切记做好保密工作。一是不要随便把卷宗摆在你的办公桌上，特别是当你长时间离开办公桌时，最好把打开的卷宗装好或把它放回带锁的抽屉里；二是不要把材料给被告人家属看，更不能给他们复印。卷宗材料有很多涉密内容。从律师自身安全的角度考虑，也不应将材料泄露给被告人家属。

审判阶段——刑事辩护的高潮阶段

刑事案件到了法院审判阶段，才由序幕、发展进入高潮阶段。该阶段是律师工作全面、综合的体现，是律师发挥辩护作用的最后也是最关键的阶段。在这一阶段，律师将根据此前他所掌握的一切有利于被告人的证据、情节运用娴熟的法律知识和辩护技巧与公诉机关展开全面的唇枪舌剑，真正的一场法庭鏖战将全面展开。此时公诉人代表国家对被告人提起公诉，并将依据事实、证据、法律请求法院追究被告人的刑事责任。律师则恰恰相反，律师将根据事实、证据提出被告人无罪、罪轻，并请求法院充分考虑自己的意见。律师将依靠自己专业的法律知识，雄辩的口才，敏捷的思维，捕捉每一个有利于被告人的情节，并及时向法庭提出。被告人此时处于被审判的地位，尽管法庭允许被告人自由陈述和自我辩护，但多数被告人没有法律专业知识，更没有辩护经验，也无从了解除自己口供外的其他材料，同时有的被告人心存恐惧，不敢放开为自己辩护，害怕最终辩护不成反而落个态度不好，认罪不诚恳的印象。而律师则没有这样的顾虑，他在法庭上将自由发表自己的意见，被告人不能，或者不敢说的话，律师完全可以代替他说出，从而避免被告人因为害怕落个态度不好的结局而不敢为自己进行辩护所带来的不利影响。总之，此时律师的工作和作用完全达到高峰。作为被告人的辩护人，律师应永远坚定地站在被告人合法利益的一边，忠实地履行律师应尽的职责，最大限度地保护被告人的合法权益。

法院审判阶段辩护律师的核心工作有三大块：确定辩护思路；会见被告人告知开庭注意事项，取得辩护共识；出庭辩护。

辩护思路的确定。首先，要研究案情，挖掘法律条文背后的法理，找到辩点。深度的刑事辩护不是简单地用法律条文去套用案件事实，而是在对相关证据、事实、法律、事理深入分析的基础上，抽象出有创见而又符合经验法则或逻辑法则的法理，进而找到辩点，击溃控方的证据体系，让法官心悦诚服地认同你的观点，从而为当事人赢得委托律师辩护的诉讼价值。

其次，给你的当事人作无罪辩护还是罪轻辩护。当你确定了作无罪还是罪轻辩护时，一定要和委托人及被告人取得共识。对于罪轻辩护的思路，一般容易取得共识，但是对有罪还是无罪，问题就复杂多了。这里面会有几种情况出现：律师与被告人之间存在分歧，律师认为无罪，被告人自认有罪，或者律师认为有罪，被告人不认罪；律师与委托人（被告人家属）之间存在分歧；被告人与家属之间存在分歧。无论何种分歧，律师始终要客观分析案情，指出各种辩护思路的利弊与风险，尽量说服被告人及其家属与律师取得一致意见。如果说服不了当事人及其家属与律师的意见相一致，那就要改变律师的辩护思路，尊重被告人本人的意见。

审判阶段的会见与侦查、审查起诉阶段的会见都不相同。这个阶段，律师已接触到案件全部材料，对案件有了比较深入的分析，对庭审有了基本的应对策略。此时会见的目的是为庭审做准备，告知被告人对整个案件的把握以及基本的辩护思路，力争与被告人在基本问题上统一认识，如作罪轻辩护还是无罪辩护？是否愿意赔偿被害人或被害人家属的损失？民事赔偿部分能否与对方协商？在庭审程序上是否同意适用简易程序或者适用普通程序简易审？此外，还要重点了解被告人对于各项证据的质证意见，尤其对证人证言和被害人的询问笔录所涉及的事实问题是否认可、有何意见。有没有证据要提交，证据在谁手中，证据线索是什么，开庭时公诉人、法官、律师可能会问什么问题等，这些都需要提前问清楚。只有这样，才能避免庭审时被告人茫然无措，才能避免被告人与辩护律师意见相左的情况出现。

最后，有必要将法庭审理的基本程序告知被告人，让被告人有个准备，以取得最佳庭审效果：（1）宣布开庭，宣读法庭纪律，告知被告人享有的权利；（2）询问被告人基本情况——姓名、年龄、民族、籍贯住址、拘留和逮捕时间、取保候审时间、是否认罪；（3）进入法庭调查，检察官宣读起诉书，被告人就起诉书指控的事实进行辩护，辩护人对起诉书发表意见；（4）公诉人逐一出示证据，被告人、辩护人质证；（5）被告人、辩护人出示证据，公诉人质证；（6）法庭辩论；（7）被告人最后陈述；（8）审理附带民事诉讼部分。绝大多数被告人对于上述庭审程序都是不了解的，如果律师不提前告知，很多被告人在庭审现场可能无所适从，答非所问，既拖延了庭审时间，又影响了庭审效果，使被告人应有的权利不敢行使或行使不顺畅。

刑事案件庭审技巧中，特别要注意律师提问技巧，尤其是询问被告人和证人的技巧。询问你的当事人时，注意避免诱导性提问。所谓诱导性提问，是指询问者为了获得某一回答而在所提问题中添加有暗示被询问者如何回答的内容，或者将需要被询问人作证的有争议的事实假定为业已存在的事实而进行的提问。诱导性提问一般在问题中含有答案，被询问者只需回答“是”或者“不是”，或者被询问者选择回答问题本身就意味着对某个暗含假定事实的承认。“你是否听到那个人说，‘我刚刚用刀把他砍伤了’？”这就是典型的诱导性提问。

诱导性提问的常见方式有：（1）重复性提问：重复提问一个问题，诱使回答者觉得之前的回答是错的而改变答案，直到得到想要的答案为止。例如，“你觉得张三身高是多少？”“一米六五。”“你确定吗？再给你一次机会，好好想想。”“我觉得是一米六五。”“你要不要再考虑一下？”（2）强制性提问：提供有限的选项而没有足够的解释，然而回答者可能不接受所有选项。例如，“你喜欢被告人张三还是被害人李四？”（3）确认性提问：设计使答案只能支持特定的观点。例如，

“你觉得应如何让被告人在戒毒后不再复吸？”

介绍上述诱导性提问，一是要提高自己的提问水平，防止陷入这类提问当中，被对方反对；二是要能识别控方的诱导性提问，当发现控方的提问存在诱导性时，及时提出反对意见。

证人如果作伪证或者歪曲事实，总会露出破绽来的，律师就是要抓住这些破绽，击溃证人的伪证。

律师在从事刑事辩护业务时，要特别注意自身安全。特别是在会见和调查取证环节，更要慎之又慎。

第四节　脱颖而出，走向成功

这个阶段律师的另一职业目标是，从众多的工薪律师中脱颖而出，由律师助理、工薪律师向提成律师过渡，然后再向合伙人、律师精英迈进。这是关系律师职业生涯的一个关键目标，就像一扇无形的门，跨过了这扇门，你就是个成功的律师。

这个目标分两个层次，首先是勇敢地突破，由律师助理、工薪律师向提成律师过渡，摆脱对合伙人、对主任律师的依赖，独立自主地开拓案源，自谋生存、自谋发展。其次是大胆地超越，朝合伙人、律师精英的目标进发，更上一层楼。

首先要经历一个痛苦的挣脱过程，像蚕蛹一样蜕茧，经过艰苦的挣扎，才能长出强有力的翅膀，变成飞蝶。律师在成长过程中的挣扎、突破也是如此。年轻律师要敢于经风雨、见世面，在大风大浪中锻炼成长。不经风雨怎能见彩虹，不经摸爬滚打就无法站到一个新的高度。此时的你需要在以下几个方面勇敢地突破。

1. 摆脱对合伙人、授薪律师的依赖

作为律师助理或工薪律师，很多事情都不用操心，有合伙人或授薪律师为你撑着。你不用考虑做完这个案件到哪儿寻找下一个案件，也不用过多考虑在与当事人发生纠纷后该如何协调，合伙人或授薪律师就像一棵参天大树，能给你遮风挡雨。但是如果一直依偎在这样的参天大树下，你这棵小苗就永远长不大，永远成不了枝繁叶茂的参天大树。所以第一步必须勇敢地走出合伙人、授薪律师的保护，支撑起一片属于自己的蓝天。迈出这一步的前提是，你有一定的独立承办案件的能力，有不少客户认可你。

2. 走向市场，独立地开拓业务

放弃对合伙人、授薪律师的依赖，不仅仅是放弃那份薪水，摆脱坐班限制，更重要的是要放弃依靠别人分配案源的限制。你可能不做助理了，也不领固定的薪水，不用朝九晚五地坐班了。只有完全靠自己拓展的业务来发展自己，才能变得坚强有力，才能走出一条属于自己的路。坐等别人给你案子，无异于守株待兔。

根据自身特点，找准市场定位，闯出一条有自己特色的路来。如果你是个白手起家的律师，此时比较适合你的也许是中小型民营企业。这些企业的特点是法律事务比较少，不太愿意花高价聘请常年法律顾问，但他们确实又有法律方面的服务需求。这样为这些企业提供的法律服务就显得比较分散、琐碎，如十天半月的审查一个合同、发个律师催告函等。初出茅庐的小律师辛苦点，腿跑勤点，更重要的是能以此为契机，拓展你的人脉，找到事业的起点。事实上，许多年轻律师在创业初期正是靠一股不避艰险、不嫌事小、坚忍不拔的奋斗精神度过艰难的"羽化"期，破茧而出，展翅飞翔的。

也有的律师将眼光瞄准社区，深入社区开展免费法律咨询、法律讲座活动，配合街道办、居委会进行一些诸如普法宣传等公益活动，与社区建立良性互动关系。这样就很自然地把社区居民纳入你的潜在客户范围内。总之，只要动脑筋、想办法，总能找出一条适合自己的路来。想好了思路就要赶紧付诸行动，否则晚上想千条路，早上起来还是老路一条。

需要说明的是，律师的成功并非单以经济指标来衡量，还包括律师的责任感、公益心、社会评价等多个方面。

我不敢妄言自己成功了，但我一直没有停止过追求成功的步伐。在中国西北一所著名大学的学报封面上，有这样一行我非常喜欢的文字：我们喜欢的不是成熟，而是走向成熟的过程。套用这句话，我们可以这样说，我们喜欢的不是成功，而是走向成功的过程。正因为还在走向成功的路上求索，所以下面关于青年律师如何走向成功的叙述就是本人与青年律师共勉的话题。

本人曾广泛接触功成名就的大牌律师，阅读过他们的大量著作，研习他们的言行举止，能归类总结的有以下几方面内容。

（1）优良的道德品质和高尚的职业操守

做律师的根本在于做人，其实，各行各业皆有相通之处：把人做正、做好，是把事业做大、做强的基础。

与其他行业相比，除法律专业知识外，律师的为人处世更为重要。因为律师是时时处处与人打交道的职业，从洽谈案件、立案起诉到法庭辩论、调解和解，可以说律师工作进程的每一步，律师工作的每个对象都离不开人。更为重要的是，律师担负着当事人的高度信任，两肩扛着巨大的社会责任。律师在执业过程中，有机会了解到当事人的商业秘密或个人隐私，这对律师的人品提出了更高的要求。作为执业律师，必须恪守职业道德，对得起当事人对你的高度信任。

（2）娴熟的业务技能和广博的社会知识

律师是靠自己的法律知识和法律技能来为当事人提供服务的，娴熟的业务技能和广博的社会知识是律师安身立命的看家本领，也是区分律师高下的一个重要的分水岭。同一起点的律师的逐渐分化，往往就是从业务技能开始的。肯钻研、悟性好的律师随着业务技能的提高，越做越好，从一件个案的成功走向另一件个案的成功，不断积累就从总体上推进了成功的进程。年轻律师要时刻意识到哪些知识是该知晓却不知晓的，更应意识到哪些技能是该掌握而没有掌握的。技能之于律师，是一种“know-how”，在乎于心，犹如空气，视而不见，却须臾不可无，为执业律师生存之必要。法律知识只能使你成为一名律师，而法律技能则决定了你能否走向成功，把浩瀚的法律知识转化为精湛的律师技能才能成为一名好律师。

律师职业是一个专业性很强的职业。法律技术的复杂性并不亚于工程专业和医学专业的技术，它就像一部复杂的机器，除非你已经完全掌握了这部复杂机器的原理与性能，完全了解如何开动和操纵这部机器，以及在紧急情况下如何来应付，否则任何人都不会把操纵这部机器的任务交给你。

律师的法律基础知识要扎实，同时要有渊博的关于自然、社会和人的各方面知识，即自然科学、人文社会科学各学科的知识。律师的知识储备不限于法律，成功律师要有各方面的专业知识。在当今这个信息化的社会，知识经济高速发展，社会纠纷纷繁复杂、千变万化，律师不学习就要被淘汰。律师应多涉猎文史哲知识、经济知识、科技知识和管理知识等，这对律师的提升和深入发展有很大的作用。你在做某一方面、某一个领域的专业案件时，就要懂一些该领域的基础性专业知识，争取成为“外行中的内行”。

（3）良好的职业形象与优雅的个人气质

律师形象气质的重要性是由律师职业的特殊性以及长久以来人们对律师的固

有认识决定的，影视剧中的律师造型无不衣着光鲜、举止优雅、风度翩翩。现实中的律师形象如果与之反差过大，则不易于获得他人对你的职业认同感。

形象是一个人心理素质和修养的外在表现，能反映一个人的道德品质、思想情感、性格气质、学识教养、处世态度等。一名律师能否为当事人所接受，是否具有人格魅力，关键在于他在别人心目中的形象如何。律师个人形象的好坏，直接影响到与他人关系的性质、程度。我们不妨从下面这些身边小事做起，日积月累，习惯成自然。

第一，精神饱满，神情自然。在社会交往中始终保持旺盛的精力、饱满的热情、大方自然的神情，这是优化个人形象的首要因素。那种神采奕奕、精力充沛，显得自信有力的人，能够激发对方的交往热情，活跃交际气氛。律师饱满的精神状态和轻松自如的神态表现，更容易赢得当事人的信任，激发当事人的交往需求，产生预想不到的社交效果。

第二，仪表端庄，衣着得体。仪表衣着是一个人的审美情趣和修养气质的外在表现。律师的服饰要与自己的气质、职业相一致，与自己的形体、年龄相匹配，与当时的气氛和场合相协调，这样将使得律师显得更潇洒精神，更使人乐于接近。根据人际吸引的原则，一个人风度翩翩、俊逸潇洒，能产生使人乐于交往的魅力。

第三，谈吐幽默，言语高雅。幽默能显示人的聪明睿智与洒脱自信的生活态度，能增添生活的乐趣，化解尴尬，在人际交往中是一种很好的润滑剂。谈吐幽默直接反映出律师是个博学多才、受过良好教育的人。在社交中能侃侃而谈，用词高雅恰当，言之有物，对问题见解深刻，反应敏捷，应答自如，能够简洁、准确、鲜明、生动地表达自己的思想与情感，就能表现出律师不同凡响的气质和风度。

第四，思维缜密，举止大方。要成为一名成功的优秀的法律职业人，思维方式必须具备严谨、精确、细致、周密、全面的特点。考虑问题严谨、周密，反应敏捷，击中要害，律师的“铁齿铜牙”并非嘴上功夫，更重要的是来自大脑的思维内功。

稳重的举止，温文尔雅的行为习惯，给人留下精明干练、健康向上、文明儒雅的好印象。行如风、坐如松、声如钟的标准虽然有点高，但是作为一个渴望成功的律师，还是要努力朝这个目标看齐。这里我要特别强调律师的走姿，这是最能体现律师风度的举止。昂首挺胸、器宇轩昂、步履稳健既能给人留下成熟可信赖之感，又能表现出自然大方、挥洒自如的自信。律师应该开风气之先，昂首阔步，保持饱满的精神风貌。

（4）平时勤奋努力，关键时刻抓住机会，展现自己，脱颖而出

律师干的是辛苦活，平时要认认真真学习，踏踏实实工作。年轻律师尤其要加强学习，不断给自己充电，只有这样才能成为律师业中的精英。工作上勤勤恳恳，案件无论大小，都用心去办理。

在学习和办案中，要善于抓住一些机遇，适时展现自己。任何一个成功的律师都有这样的经验：在经过长时间的积累，总有不少机会来敲门，适时推开门窗，抓住机会，就登上成功的宝座了。比如，你在办理某个有社会影响的案件时，有媒体跟进，如果你把案件办好了，又能在摄像机前得体地展示你的律师风采和个人魅力，发表独特的、有见地的观点，那你就可能一炮打响，从众多默默无闻的青年律师中脱颖而出。再如，在某些公益活动或研讨会上，你有上乘表现，赢得良好的口碑，也能使你声名远播。或者你在办案之余，对案件所涉及的问题作形而上的思考，进而抽象出一些具有普遍性的问题，写成文章或书，也能获得一定的知名度。日积月累，类似的机会多了，你就从默默无闻的小律师变成了声名远播的大律师。

第四章

理顺关系，得心应手

——律师关系面面观

第一节　律师与当事人的合作关系

我们来说律师的公共关系。律师成天周旋于形形色色的人群中间，在一定程度上说，律师的核心工作，就是协调处理各种关系。近年来，我一直在写文章呼吁学者和司法实务各相关部门重视律师公共关系研究，将其纳入重点课题项目。在此我先抛砖引玉，把自己对律师公共关系的些许观点陈述如下，以期引起相关人士的重视。

律师与当事人的关系是律师各种关系中最核心的，也是律师工作中最大量、最难处理的，其他所有关系都围绕这一关系展开。

律师与当事人的关系包括与己方当事人的关系和与对方当事人及其代理人的关系。

1. 律师首先要处理好与自己当事人的关系

在本书的第三章，说到律师与自己当事人的关系时，我把这种关系定位为战略合作伙伴关系。接受当事人的委托，合作就开始了，双方首先有一个共同目标，就是怎样与争议对方及其代理人进行博弈，争取自己当事人的利益最大化：怎样尽快把对方拖欠的款项要回来？怎样让久拖不决的离婚马拉松走到终点？诸如此类，不一而足。在争取上述利益的过程中，双方在认识和策略上难免会出现偏差，怎样的利益算最大利益？哪些是合法的、哪些是非法的？哪些策略能用、哪些不能用？哪些是律师能做的、哪些是不能做的？律师在处理委托事务中是完全听命于当事人还是保持相对独立的地位？这些都是在处理律师与当事人关系时需要面对的问题。我觉得律师与当事人的合作并非无原则的联合，在联合中也是包含一定分歧的，还可能出现原则分歧的情况。作为一个过来人，给你提出以下几点建议，或许对于你处理上述问题会有所帮助。

第一，以扎实厚重的知识经验和勤勉高效的工作作风赢得当事人的信任。

律师首先要练就自己过硬的专业水准，这是取得当事人信任的关键因素。当你在办案中遇到专门知识时，一定要向专业人士请教。如果遇到的专业问题比较多，你自己把握不准，最好邀请懂行的律师共同代理这个案件。多数当事人虽然不精通法律问题，但从你的言谈举止中也能大致看出你对这类案件是否专业。

勤勉高效的工作作风也是取得当事人信任的重要法宝。当事人往往是下了很大决心，穷尽各种救济，在万般无奈之际才想到请律师打官司的。对普通当事人来说，打一个官司就是家庭开支中的一项重大支出。律师唯有专业、勤勉、高效的工作才对得起当事人的信任、对得起当事人所支付的律师费。而且当事人事先无法监督你的准备工作，他所能了解到的就是你是否给他及时立案了，你是否去会见犯罪嫌疑人、被告人了，你是否去调查取证了，你是否交答辩状了，你是否知道开庭日期，你就开庭应对策略跟他沟通过几次，等等。

位居唐宋散文八大家之首的韩愈曾给一个从事粉刷的装修工写过传记《圬者王承福传》，提出“食焉而怠其事，必有天殃”的观点。韩愈笔下的粉刷工王承福是个手艺高超而又勤恳干活的人，他“手镘衣食”，靠给人粉刷墙壁来维持生计，很清楚自己的定位，“不敢一日舍镘以嬉”，唯有如此踏实工作，才能“虽劳无愧，吾心安焉”。反之，如果靠手艺吃饭，却懒惰懈怠，则必有灾殃在等着。从忠于委托人的利益，为委托人提供优质高效的服务这个基本点出发，我觉得律师与粉刷工还真有诸多类似之处。

特别提醒一下，在委托人是亲朋好友的情况下，更应注意这点。只要你接受了当事人的委托，甭管你们之前是什么关系，在这个案件中，你们就是委托关系。无论收费高低，甚至无论是否收费，律师都要尽心尽力办好案子。

第二，时时处处沟通。

律师的沟通技巧和沟通频率直接影响到律师与当事人的关系，同样一件事，用不同的方式说，收到的效果可能大相径庭。同时沟通的次数也很重要，原则上应该将有关案件进展的每一项情况都告知当事人，而且主动与当事人联系要比当事人打来电话询问好得多。

第三，保持律师的独立地位。

有的律师为了证明自己多么努力为当事人办事，提出把当事人的事当成自己的事来做，其实这是大谬。律师不是当事人雇用的员工，在执业中一定要保持自己的独立地位。

第四，恪守规范、专业、敬业、沟通的理念，做好自我保护，避免当事人投诉。

第五，对当事人的境况表示同情，以悲天悯人的情怀关注当事人疾苦。

当事人都是遇到麻烦事才来找律师的，律师应以一种悲悯的情怀来对待当事人的苦难。对当事人的一些负面行为可作法律上的分析，但不要作道德上的评价。以博大胸怀设身处地为当事人的境况考虑，能使当事人感到温暖、感到力量、感到信任。当律师以亲和、谦逊的态度对待他，对他的困境表示关注，对他的意见表示尊重和理解时，他的心灵将得到莫大的慰藉。律师对身陷困境的当事人的心理抚慰也是为化解社会矛盾、构建和谐社会所作出的一份独特的贡献。

第六，坚持原则，敢于对超越底线的当事人说不。

当事人对律师，尤其是对刑事辩护律师大多有不切实际的期待，他们不可能像律师那样仔细考量案件事实、情节、证据及其法律适用问题，更无法预知诉讼中的种种变数，总以为请了律师，就该实现全部诉求。面对当事人提出的不合规或不能做的事情，律师要勇敢地对当事人说不。无论是从律师执业操守还是从执业风险来看，这根高压线都不能碰。

敢于坚持原则的律师，也许会被当事人误解，但只要你诚心诚意给他办事，他最终还是能理解并尊重你的。我曾经有几个几乎吵翻脸的当事人，当他们事后感觉到我只是坚持律师的底线，确实不是推诿或刁难他们时，都能表示理解。最好的印证是，他们都曾给我介绍当事人，而且非常热心。最让我高兴的是得到当事人的理解、认可、信任，这种理解、认可、信任比金子还宝贵！

第七，自觉接受当事人的监督，让当事人对律师的每一步工作进程都有基本的了解。

如前所述，律师工作有较强的独立性，庭前的案头工作、与公检法人员的沟通、到看守所会见等，基本都是由律师独立完成的。如果律师不及时通报，当事人根本不知道你做了哪些事情。而诉讼又关系到当事人的切身利益，就像当年参加司法考试后，想早点知道考试成绩的你一样，当事人也想知道律师是如何一步步推进诉讼程序的，最好能亲眼看见律师的工作。因此，律师除了要及时通报自己的工作进程外，还要自觉地接受当事人的监督。如果当事人提出会见时要与你一起去看守所，开庭时要和你一起出庭，千万不要拒绝。否则，当事人就难免会犯嘀咕：律师到底有没有去会见？开庭时律师表现如何？有的律师也许是出于好意，对当事人说，这事儿交给我，您就别操心了，所有事都由我搞定，您什么都不用管，等我电话就行了。这种说法，从律师积极工作的出发点来看，并没有错，全程为当事人服务，比那种什么事都叫当事人自己去办的懒惰律师强。可问题是，当事人不仅有强烈的知情愿望，也有参与其中的热情与冲动。有的不仅要通过打官司争取经济利益，还要借助法庭这个平台来评评理、出口气，数落对方一通。律师有义务提醒当事人的庭审表现，但总不能阻止人家出庭。有的律师同仁也许会说，你说当事人跟你去出庭，我还能理解，但跟律师去看守所却起不了什么作用，他又不能见到关在高墙深院内的家属。这种理解是片面的，当事人固然看不到被羁押的亲属，但他认为，去了看守所就跟亲属近了。被关押的人见到律师时，首先关注的是谁委托的律师，他是否来了。律师一说谁谁谁来了，嫌疑人往往就触动了内心深处那根感情之弦，即使是铁石心肠的暴力案犯，也会为之感动，甚至泪流满面的！再说，当事人去看守所可以给亲属存零用钱，寄衣物，能在第一时间听到律师讲述会见的情况，面对面的交流毕竟比通过电话交谈要好。如嫌疑人通过律师转告，需要家属寄多少钱物，当事人也能及时寄出。

2. 律师需要处理与对方当事人及代理人的关系

律师与诉讼对方的代理人看似各自为主，毫不相关，实际上都被同一个案件所牵制着，彼此还是有很大关系的。就是与对方当事人本人也是存在关系的。不要以完全敌对的心态看待对方当事人及其代理人，诉讼中的各种主体往往是相辅相成甚至是相反相成的：没有被告的侵权、违约就没有原告，更没有原告律师；没有原告起诉就没有被告，更没有被告律师。这样说并非意味着律师可以对当事人幸灾乐祸、渔中取利。而是说律师不要像有些当事人那样感情用事，怒气冲天，与对方当事人势不两立。但作为律师，应冷静地看到诉讼既有抗争，也有妥协，而妥协往往是实现双赢的有效途径之一。矛盾、冲突、争斗都是人类生存的一种非正常状态，诉讼的目的在于修复被损害的秩序，使社会回归到正常状态。

当事人之间往往容易意气用事，很难平心静气地协商，借助律师为媒介和代表，谈判更容易达成。但是，作为律师，在接触对方当事人或代理人时，要把握好分寸：一是要征得己方当事人同意，以防止背上“叛徒”的黑锅。当事人最忌讳的就是律师与对方串通，损害自己的利益。二是要与己方当事人商定谈判的原则与底线，谈判时坚持原则，不能突破底线。执业之初，我代理过一个交通事故案件，在起诉时提出的索赔数额比法定的数额高，在第二次开庭时，法官主持调解不成，建议双方律师之间进行协商。我当时想，有当事人的授权委托书，又有法官的建议，就没再征求当事人意见，直接与对方律师走向谈话室，谈妥了和解方案。尽管谈妥的方案中确定的数额在法定范围内已是较高的了，但当事人还是不满意，一开始也对我的行为有些疑虑。虽然后来他打消了疑问，但我以此为戒，以后不管当事人是否在场，也不管授权委托书上关于授权事项写得如何明确，只要事关协调，一定事先与当事人及时联系并征得当事人同意。如果可能的话，最好以谈话笔录或备忘录等形式将谈判底线、谈判方案确定下来，叫当事人签字认可。

第二节　同行并非冤家

“同行便是冤家”这句古训由来已久，把同行之间的竞争关系暴露无遗，深深地影响着国人。我们承认同行之间肯定存在一定的竞争关系，但是同行之间有更多的共同利益，有更多的集体诉求，有更多行外人使不上劲的行业帮衬。当你的律师同行遭到打击报复时，当个别律师被媒体污名化的时候，作为同行，你肯定是坚定地站在律师这边，为律师的蒙冤被害而鸣冤叫屈，为同行的共同利益鼓与呼。

以上是就宏观方面来说的，具体到律师个体，除存在一定的竞争关系外，更多的是合作关系。我并不否认律师同行在市场营销、客户招揽方面会有一定的利益冲突，在一个当事人游走于多个律师之间的时候，当几家律所为同一个项目而竞价陈述的时候，律师同行的竞争关系是毋庸置疑的。但是，我们应该看到，同行之间有更多的帮衬合作、惺惺相惜，在竞争的后面，合作才是律师关系的主流。当你在某一方面的诉讼经验不足时，当你到一个新的地方办案时，当你涉足一项新的律师业务时，当你对某个法律法规的解释吃不透的时候，你首先考虑的一定是向有经验的律师同行请教。

我自己在出道之初就深得同事的帮衬提携。那时我们律所有一些优秀的大律师将一些案子推荐给我来做。对于我来说，在青黄不接的艰苦岁月，那可是一笔不菲的收入。有的律师接了一个大项目需要几个律师一起来做，我们也热心帮忙，并学到了经验，更重要的是通过项目平台，拓展了人脉。其中，有的还真成了我今后事业上的贵人，给予我极大的帮助。

第五章

案源开拓，生存之道

第一节　从工薪律师到提成律师，如何度过“断奶期”

前面五个部分说了很多新律师开启职业旅程要面临和注意的问题，现在要说说新律师面临的最现实的一个问题——如何开拓案源，寻求生存之道。特别是做律师伊始，在独立开拓案源的初始阶段备尝艰辛，个中滋味只有过来人才能体会。

从工薪律师到提成律师，要经历一个很痛苦的“断奶期”。从旱涝保收的低收入状态迈向前景不明的风险与挑战同在的自我创收阶段，对刚入门的律师来说，确实一时难以适应。如果可能的话，最好有一个工薪加提成的过渡期。猛然之间由每月有固定收入的工薪律师直接变成毫无保障完全靠自己找案源养活自己的提成律师，估计很多新入行的律师都会吃不消。当然，如果之前你做工薪律师的积蓄足够你以后一段时间的生活开支的话，也可一步到位，直接进入提成律师行列。这样，你就可以“撸起袖子加油干”！我当初走的是第三条道路：从工薪律师到没有固定工资、所里提供案源线索，自己按图索骥去谈案的律师，但总的来说，这一年能做到生产自救、自食其力。而且这一年的磨炼让我终生难忘，虽然经济上吃紧，但我获得了开拓案源、以律师身份自谋生存的基本技能：寻找案源——与当事人洽谈协商——成功签约——独立办案。更重要的是，直到此时我的律师意识、当事人意识、客户意识才真正形成，在社交场合适当展示自己的律师身份，鼓励他人提出法律问题，培养潜在客户。我现在的诸多客户也是在那时积累下来的，有的客户还成了我特别要好的朋友。

第二节　做好第一个案子

实践中，律师开拓案源各有招数，根本在于广交朋友，拓展人脉。最早的案子总是从亲戚朋友那里介绍来的，因为刚开始除了亲戚朋友和身边的同事，谁也不知道你是律师，而身边的同事也是律师，和你一样也在寻找客户。

因此，当你有了第一个案子，你就得格外用心去办。此时你手头没有别的案子，有的是时间和精力，所缺的是经验和技能。如果案情比较复杂，你自感以现在的能力无法单独驾驭这个案件，最好邀请一位这方面的专业律师加盟，利用资深律师的技术优势联合办案。不要太贪心，怕其他律师分了你的律师费，一口吃不成胖子。这时你需要的是声誉、名望、口碑（包括当事人的口碑与律师同行的口碑）以及经验的积累、技能的学习。请记住我的一句话：心有多宽，路就有多宽！对于那些案情比较简单，你自己能胜任的案件，也不要掉以轻心，多请教资深律师，多学习他人的长处总是没错的。

第三节　开拓案源的具体“招数”

开拓案源本无什么“绝招”，实际上“案源”的说法也不尽科学。因为如果你没用心做好现成的案件，案件本身不会像泉水一样源源不断地涌出来。但是如果不讲讲具体方法，青年律师恐怕不是要指责本人保守，就会讨厌本人虚伪的。所以尽管不敢以师长自居，在此还是要谈谈自己的点滴体会，与年轻律师共勉。

1. 做好手中的案件，取信于当事人，成为回头客或转介绍其他亲戚朋友

老客户的介绍，比任何形式的广告宣传都有效。做好一个案件，获得当事人的认可，就是最好的广告宣传。以前有人说司法考试是深刻的普法活动，借用这个比喻，我们也可以说律师做案子是深刻的广告宣传。咱们中国人是很重视人情伦理的，亲情友情被放在很重要的位置上。人们遇到麻烦事往往先找身边的亲戚朋友倾诉，亲友如有找律师的经历，又认可该律师，那他的推荐最有利于促成律师与新客户的成功签约。因此，律师办案也是拓展人脉，挖掘潜在客户的有效手段。办好每一个案件，实实在在为当事人提供优质高效的服务，得到当事人的认可，哪怕你做这个案件没有挣到多少钱，你也给自己开了一条路。每办一个案件都秉承这样一种理念，天长日久，集腋成裘，终能走出一条案源滚滚的康庄大道来。一开始不要胃口太大，企图一步登天，那是不现实的。有些本来就没有什么业务的律师瞧不上小案子，大案子又没有，只好在无尽的抱怨中度过一天又一天。若干年后那些从小案子起步的律师已经宾客盈门了，他还是无事可做。类似前车之鉴实在值得我们引以为戒。

一位著名推销员发现每个人都与数字 250 结下了不解之缘，他发现一个奇怪的现象：每次参加婚礼与葬礼，人数一般都是 250 人。由此他想到，每一位顾客身后，大约都有 250 个亲戚朋友。如果获得了一位顾客的信任，就意味着赢得了 250 个潜在顾客的信任。反之，如果得罪了一位顾客，也就意味着得罪了

250个顾客。

这位推销员总结的商战“250定律”对律师的启迪意义在于：第一，倘若律师不认真办案，得罪了当事人，丢掉的不是一个案件，而是该顾客身后的一大批潜在当事人以及可能产生的诸多案件；第二，案件本无大小，只要接受了当事人的委托，无论案件标的大小如何，无论你收了多少律师费，你都得一样用心办案。踏踏实实为当事人提供优质高效的法律服务，赢得小客户的信任，将来这些小客户也可能给你带来大案件。道理很简单：小客户身后的250人中，很可能隐藏大客户，而且小客户本身也是在发展变化的，现在的小客户将来完全有可能发展为大客户。律师也要有科学发展观，要有战略眼光，有可持续发展规划。不能鼠目寸光，只见树木，不见森林。

2. 同行并非冤家，同行也可能给你案源

“同行便是冤家”的观念由来已久，这种观念在律师中也很有市场，个别律师甚至提出不给新认识的同行发名片。实际上，这种观念极度偏狭，大错特错。姑且不说律师同行可以切磋技艺、探讨案情，就从案源开拓方面来说，也能取长补短，相互配合。首先，律师各有专长，有的擅长婚姻继承纠纷但没有接触过海事纠纷，有的擅长知识产权但对刑事案件不在行，有的善于办理建设工程纠纷案件但没有处理交通事故纠纷的经验……简言之，一个律师不能办理所有类型的案件。不懂行的律师就有可能找懂行的律师来配合办案或者干脆把案件交给懂行的律师去办，这对懂行而没有客户的律师来说也是寻找案源的一条道路。其次，有的律师因与当事人双方关系太近，不方便收费，无法亲自代理，丢掉这个案件又觉得可惜，他就可能会推荐其他律师来做。最后，有些功成名就的大律师不屑于办理那些小案子，也会把这些案件交给新律师去办理。我当年就捡了不少大律师的小案子，而这些小客户随着业务的发展有的已成长为大客户了。只要你把案子做好，时时与他沟通联系，他就会成为你忠实的客户。以上是说律师同行收到一项他们因为这样或那样的原因而无法办理的业务时，如果他们与你有良好的信任关系，他们会首先想到你，把当事人推介给你。作为一个初出茅庐的律师，平时主动帮助大律师干些力所能及的活，嘴巴甜一点，笑容美一点，手脚勤快点，自然而然，人家有案子时会第一时间找到你。当你办好这件案子，维护好与当事人的关系，以后这些当事人就是你的忠实客户。

3. 积极参与各种活动，扩大影响

新律师的社会接触面比较窄，被邀请参加社会活动的次数有限，想要多参加活动，就得寻找机会，主动出击。如律协每年都有大量的法律援助活动，有的是需要律师参与咨询，有的是要律师代理案件，这些都会分布到各个律师事务所，一般老律师不屑于也没时间参加这些活动，新律师应当主动请缨，“参加战斗”。多参加一个活动，多做一个案件，你就多一个宣传自己的机会。又如，老律师经常有机会参加各种研讨会、沙龙、饭局聚会，如果你跟这些老律师关系比较好，请他们在方便时把你带上，让你在会上露露脸，长长见识，多认识些人。在各种会上要敢于表现自己。律师一定要敢于表现自己，同时要善于表现。表现好可以给人留下良好印象，表现不好容易招人烦，适得其反。平时多跟老律师交流，主动帮忙，虚心请教，获得别人认可，你的机会也就多了。

还有个比较现实的途径，是到各社区做免费法律咨询活动。一般社区都比较欢迎律师去做活动。除了法律咨询，还可结合社区自身的活动做些专题讲座，如讲养狗的法律规定以及因饲养动物引起的侵权问题，讲婚姻继承、相邻关系、房屋拆迁等老百姓经常碰到的法律问题。律师进社区，深入老百姓中间，这种形式特别容易为老百姓所接受，其宣传效果非常明显。

4. 时刻带着名片，亮明身份，鼓励他人提出法律问题

律师要养成出门带名片的习惯，与新认识的人交往，首先递上名片，亮明你的律师身份。律师是个体面的职业，律师递名片表明身份应该是件很自豪的事。接受你名片的人如果是非法律专业人士，一般都有大大小小的法律或与法律沾边的问题问你，你应当鼓励他人提出法律问题，并给以详细的解答。

我曾在一个雨天的中午下楼到食堂吃饭，这时，一个陌生人看我撑着雨伞，就跑过来向我借伞避雨。短短几十米的路程，我就说了我的律师身份，到食堂后与他交换名片。第二天他按图索骥找到我们律师事务所，替朋友咨询法律问题。过了几天，他的朋友亲自来我们所签了一个案件。当今经济条件下的市场，已不单是传统地理意义上的概念，凡有人处皆有市场。对律师而言，有案源才能有经济收益。

5. 利用互联网、报纸、电视、广播等媒体通过广告或其他手段宣传

这是最直接、最常见，也是见效最快的宣传方式，但它最大的问题是需要花钱，这就得考虑花钱是否值得的问题。报纸上做广告大家很熟悉，也没多大技术要求，直接与报纸广告部门联系，留下业务长项的简短介绍和你的联系方式即可。现在重点介绍在互联网上做广告要注意的问题。首先要建一个网站，网民是通过网站来了解你的。网站内容的好坏直接关系到你的点击率和访问量，更重要的是关系到网民点击访问后的电话咨询量，进而关系到你的签约成功率。承揽网站建设的公司一般只负责版块页面设计和域名的申请和备案，不管文案工作，因此，作为网站建设重中之重的文案，还得由自己来写。

建好网站之后，下一步是网站推广。网站推广的方式多种多样，各大网站都可做推广，我感觉最好的方式还是百度竞价推广。所谓竞价推广，就是选择某个关键词，如北京律师、婚姻律师、法律顾问等，设定一个价位，出价越高排名越靠前。网民在百度搜索某个关键词，根据你的排名可以搜索到你的网站，访问你的网站后，可能给你打电话咨询。当然，有电话了，你接听电话，与客户沟通就尤为紧要。这直接关系到你能否谈成此案。

微信公众号营销也是目前较为有效的一种营销手段。建立一个律师公众号，以类似写博客的方式，把你对热点问题尤其是对法律问题的关注和评述上传到公众号上，再以发朋友圈的方式把公众号推广出去。这是一个无须成本且比较简便可行的营销方式，各位不妨一试。

6. 公益诉讼

寻找一个机会，做成一个有一定影响的公益诉讼，通过媒体宣传报道，也是律师扩大宣传的一条道路。公益诉讼本身可能没有经济价值或经济利益不大，但它无形的、潜在的影响却是其他营销方式无可比拟的。

7. 接受媒体采访，或者作为嘉宾应邀参加电视、电台法治类节目，点评热点问题，做软广告

这种软广告是真正免费的，其前提是与媒体有良好的互动。这种关系有的靠机缘，如你所做的案件如果比较有意思，或是正好媒体要结合当前形势宣传某一方面的内容，也可能主动找你采访。

我的一个律师朋友与媒体有良好的关系，经常应邀到电视台做节目嘉宾，有人半开玩笑地说他，除了到律所上班就是到电视台报到。由于常常在电视台露脸，声名鹊起，许多当事人慕名找上门来。

除上述常规途径外，还有许多其他途径，只要合法合规，都可采用。但一定要注意避免过度营销，不能大包大揽，把自己吹得天花乱坠。

第六章

办案实录，见微知著

案例一　情与法的较量①

——拿男友手机被控盗窃，法院单处罚金

【案情简介】

2010 年 2 月 14 日，一对分手数年的恋人在北京街头偶遇。女的叫汪某，是北京某外企的会计师，标准的白领。男的叫屠某，经营着一家旅游公司，收入颇丰，可谓成功人士。特别的日子遇上曾经特别的人，很快就进入特别的程序：找了一个特别的主题酒吧，聊到深夜仍意犹未尽。后来干脆找了一家酒店去开房。

汪某看见屠某有个 iPhone 手机，当时这可是价格不菲的稀罕玩意儿，新机价值 7200 元。汪某爱不释手，拿着这个手机玩游戏。屠某看见汪某玩得高兴，有意无意之间也说了一句：喜欢就送给你吧。汪某就这么一直玩着手机，沉浸在爱河中，庆幸自己找到了高富帅。屠某也渐渐进入梦乡。

屠某的鼾声提醒了汪某，汪某怀着一颗好奇之心，同时也想进一步了解屠某的情况，就开始翻看屠某的手机短信。不看不知道，一看吓一跳，一个短信一下子就把汪某的美好幻想击碎了。这是屠某发给其秘书的短信，内容为：给我爱人李某订一张到三峡的机票。原来屠某已是有妇之夫，可刚才为什么还信誓旦旦地说要跟我结婚呢？汪某看到这条短信都要气炸了，她恨不得马上与之理论。可转念一想，如果马上与之理论，肯定闹个天翻地覆。两人关系刚刚修复，不如先拿这个手机，以手机短信作凭证，来日再找他算账。这样想着，不觉已到天亮。汪

---

① 注：为了尊重当事人的隐私和保守客户的商业秘密，我把当事人的姓名、公司名称等容易让人对号入座的信息作了处理。

某一人起身，拿着屠某的iPhone手机就走了。

屠某醒来，发现汪某不见了，想打电话问一下，却找不到自己的手机。情急之下，他用酒店座机拨通汪某电话，要求返还手机。电话那头只传来句“你个骗子”就关机了。之后双方再未联系。

汪某以为事情到此结束了，然而事实并非如此。直到有一天，汪某家的油烟机脏了，她从路边找了个清洗油烟机的。这个清洗工把油烟机拆下来之后，一会儿说这个坏了，一会儿说那个坏了。换这些零件，支付的高额费用足够买一个新的油烟机了。汪某觉得上当受骗了，于是打电话报警。不承想，警察在核实报警人的身份时，发现汪某是涉嫌盗窃的网上通缉人员。油烟机的事情不了了之，汪某却被刑事拘留。30日拘留期满时，因检察院没有批准逮捕，公安局以取保候审的方式将汪某释放。再后来检察院将案件以盗窃为案由起诉至人民法院，此时汪某通过朋友找到我，要求作无罪辩护。

我初步了解情况后，认为本案具有作无罪辩护的可能性。当然此时切忌马上答应能作无罪辩护，因为只是听当事人的一面之词，还没有阅卷，而当事人总是捡对自己有利的说，具体情况如何，还得在掌握了第一手材料后才能下初步结论。更何况，无罪辩护是有风险的，万一不成功，可能会被视为没有认罪态度，比自行认罪判得重。这些诉讼风险都是必须事先跟当事人交代清楚的，对于初入律师行业的新手来说，谨记此条，在当事人面前把丑话说在前头，也是规避执业风险的最好办法。

说清楚了这些，当事人还是执意要委托我为其辩护，我也就马上进入辩护人的角色。阅卷后，我发现卷宗反映的情况与当事人汪某本人说的基本一致，决定为其作无罪辩护。

我的基本辩护思路是，汪某拿前男友手机并不是以非法占有为目的，主要是为了保存男方欺骗女方的证据，以便日后与之理论用。同时先不还手机是想让他着急，让他哄自己。且汪某是个月薪万元的高收入白领，一贯表现良好，是个富有爱心的女孩，曾多次组织大型的慈善活动，其与屠某系前男女朋友关系，不可能有盗窃意图，如此明目张胆地盗窃男友的手机。本案只是因男女感情问题引起的民事纠纷而已。

【案情分析】

本案汪某拿走前男友屠某手机的事实很明显，关键是对这一行为的定性。到底是因男女感情问题引起的民事纠纷还是涉嫌盗窃方面的刑事犯罪？从事情的前后经过来看，这事只涉及他们两个人，与他人无关。因此，案件的切入点主要就在于他们两人在警方所做的笔录。

一、对汪某笔录的分析

首先，我反复研读汪某的笔录，发现其利弊兼存。有利的方面很多：1. 双方关系密切，曾是男女朋友关系并且同居，案发那天还一起住宿，发生性关系。2. 案发后当屠某打电话时，汪某就承认拿了手机。如果出于盗窃目的，是不会承认拿手机的。3. 拿手机的起因是因为看短信生气，想气屠某，让他哄。没有非法占有的主观故意。如果是以非法占有为目的盗窃手机，次日当屠某打电话时就不会承认拿了手机，此其一；在没有外人的情况下，盗窃手机显然会被发现，并且只能怀疑到汪某身上，作为一个受过高等教育的人，汪某不可能笨到这个程度，此其二；两人有如此亲密关系，汪某要是贪图钱财，绝不能只偷一个手机，屠某当时带的现金和其他贵重物品都会搜罗一空，此其三；屠某要给汪某车、大衣，汪某都没要，不可能单偷一个手机，要是汪某贪图小便宜，完全可以直接向屠某要钱物，以屠某的经济条件也完全可以得到满足，根本不需要冒风险去偷手机，此其四。4. 母亲有重病，动过手术，生活不能自理，这容易获得法官同情。

与此同时，不利的方面也不少：1. 承认拿了屠某手机，是在屠某不知情的情况下拿走的，走时没有与屠某打招呼，没告知他拿了手机；2. 在屠某要手机时，没有明确表示拿手机是因为短信而生气或提出解决办法；3. 拿走手机后一直在用这个手机，长达 5 个月没有联系还手机的事，并说没想将手机还给屠某；4. 发给屠某的三个短信内容能说明拿手机的心理状态，但发短信时间有点晚，是在被抓后才发的；5. 其陈述警察在讯问她时，存在诱供行为。但要证明警察诱供有难度。前后几次笔录，在不同的时间，面对不同的侦查员，说的意思基本一致，单靠某次不太规范的讯问难以证明警察诱供。

二、对屠某笔录的分析

然后，我对屠某笔录也作了详细分析。有如下几点值得注意：1. 屠某说与汪某是普通朋友关系值得怀疑：交往多年，案发时在一起吃饭、住宿。2. 发现手机丢失没与汪某协商，八点发现，九点十分就报案。报案后也没再联系汪某，更没告诉汪某已报案。3. 屠某已谅解汪某，在最后一次笔录中，要求司法机关不追究汪某刑事责任，这对汪某作无罪辩护有利。4. 屠某说与汪某交往没说婚姻方面的事，而按汪某的说法是，2006 年就交男女朋友，2007 年分手，这次正商量重新开始交往的问题。汪某还需找其他证人或证据证明之前与屠某的男女朋友关系。

三、对其他证据的分析

对鉴定结论、到案经过、辨认笔录、现场照片、手机照片、双方人口信息、前科调查情况均无异议。对屠某 2010 年 11 月 25 日的申请（要求公安机关依法处理）有异议，他在 2010 年 12 月 2 日明确表示不追究汪某刑事责任，应以他最后的意思表示为准。

汪某的妹妹给警官的求情信能印证汪某短信中说的家有重病老母需汪某照料的情况。

四、辩护努力方向

1. 提交汪某的品德证明，如汪某自己说的在学校做大型公益活动（有活动照片），在汶川大地震时捐款一千元，这能证明汪某具有公益心，不贪财。看能否再找到其他证据，如工作过的单位证明，证明汪某的一贯表现。

2. 找证人或其他证据证明汪某与屠某以前的男女朋友关系。

3. 协商辩护思路：其一，律师及汪某本人均作无罪辩护，有利于提高无罪辩护的成功率，但风险也比较大，如不被法院采纳，有可能判实刑；其二，律师作无罪辩护，汪某作罪轻辩护，这是折中方案；其三，律师及汪某均作罪轻辩护，判缓刑概率大。经律师与当事人最终协商，律师和当事人都作无罪辩护。

【辩护意见】

一、本案系被告人汪某与屠某就感情问题发生的纠纷，汪某拿走屠某的手机，并非以非法占有手机为目的，其主观上并非想占用该手机，获取该手机的使用价值，而是想以手机为条件，要屠某就其感情上的过错向汪某解释和道歉。

1. 从汪某与屠某交往的经过和案发当时的情况可看出，本案仅仅是因感情问题引发的普通民事纠纷，不涉及刑事犯罪问题。汪某在 2006 年认识屠某后不久，双方很快就确立男女朋友关系，并在某小区同居，进入谈婚论嫁的阶段。证人证言能印证汪某在侦查阶段笔录中所说的与屠某存在男女朋友关系的陈述。相处几个月后，因性格差异两人于2007年上半年分手。在2008年“5·12”汶川大地震时，汪某因屠某发了个问候的短信而感情复燃，此后两人又陆续联系，其间多次谈到恢复男女朋友关系问题。2010年2月14日晚两人见面时，汪某以为两人恢复关系的时机成熟了，所以当天晚饭后就在酒店开房住宿并发生性关系。此次会面，汪某完全是抱着与屠某恢复关系并打算与之结婚为目的的，谁知屠某并非真心实意。次日早晨，汪某看见屠某的手机短信，得知他已结婚有夫人了，当即感到被屠某欺骗了。因与客户有约，需马上赶往单位上班打卡，然后在单位见了一位重要客户，汪某无法与屠某当即理论。匆忙离开之际，汪某想到先拿屠某的手机，让他着急，以此为条件来促使屠某向汪某道歉和解释。于是，当屠某发现手机不见之后给汪某打电话时，汪某当即承认是她拿了手机，并要他说清楚夫人的事情。可是，屠某对汪某只是虚情假意，竟然厚着脸皮地向汪某摊牌：我有没有夫人跟你没关系，我们照样可以做情人！这种表白直接伤害了汪某，联想到昨晚还信誓旦旦地要恢复关系，转眼就翻脸不认人，汪某更是气不打一处来，于是就赌气不接屠某的电话。屠某也没有耐心地与汪某沟通和解释，更没有告知汪某谈不拢的话要诉诸司法程序，马上就报警了。

在后来（2010年11月25日）警方找到汪某谈话时，汪某当即给屠某发短信，表明拿手机的真实意思：“我只是看到你说李某是你夫人，我才不给你，你真的这么恨我吗？”汪某在第一时间作出的这种反应，可以看出汪某当时拿手机的真正目的：因情感纠纷而生气，希望以手机为条件促使屠某来哄哄她，向她解释和道歉。无奈痴心女遇上负心郎，人家根本不在乎汪某的感受，也不领她那份情，最终酿成报案的结果。

综观汪某与屠某交往的过程以及案发当时的情况：一起住宿、发生性关系、屠某拿手机给汪某玩等，足以认定汪某只是因为屠某感情上的重大过错而生气，其拿走屠某的手机目的在于保留证据，以此来与屠某交涉感情问题，而并非想以非法占有为目的盗窃该手机。

2. 汪某拿走屠某手机的另一重要原因是，屠某曾在案发头天晚上聊天时告诉汪某，这个手机是个女性朋友送给他的，当时汪某就觉得屠某与这个送手机的女人关系非同一般，顿生醋意，觉得在目前谈到恢复男女朋友关系的时候，屠某将这种关系或隐或现地让她知道，至少在感情上是不尊重她的，但碍于情面，当时又不好发作。于是在次日早上看到手机短信中屠某提到给夫人李某订机票之事时，更是火冒三丈，感到屠某纯粹是在玩弄自己的感情。爱恨交织同时又急于上班见客户的汪某万般无奈，只好先拿走屠某的手机，以此作为与屠某交涉感情问题的条件。

3. 汪某只拿了屠某的手机，屠某身上的现金分文未动，也没有拿其他比手机更为贵重的饰品，要是以非法占有为目的，她不可能只拿一件最容易发现的东西，而对那些唾手可得又不容易发现的钱物无动于衷。同时，在与屠某交往的过程中，屠某曾承诺送汪某汽车、大衣等值钱的财物，汪某都没要。

4. 屠某发现手机不见后，向汪某询问是否拿了手机，汪某当即承认拿了，并要屠某说清楚短信的事。如果汪某真以盗窃手机为目的，则不可能在屠某第一次追要，没有任何证据的情况下就承认拿了手机。

5. 从屠某的心理状态来看，屠某向汪某追索手机，主要也不是因为手机本身的价值，而是因为手机中储存有电话号码。以屠某的经济条件，断不至于为几千元的手机而报警。这也能在一定程度上证明双方纠结的焦点所在。

二、汪某拿手机的事情，已取得屠某谅解，屠某在 2010 年 12 月 16 日的询问笔录中，明确表示不再追究汪某的刑事责任。

辩护人认为，感情之事应以尊重当事人意思自治为主，在刑事、民事关系相互交叉，刑事、民事责任并非泾渭分明的情况下，应尽量注重刑罚的谦抑性特征，将其纳入民事法律关系的调整范畴。就本案而言，屠某在情急之下，曾报警追索手机，但最终还是原谅了汪某，特地找到公安预审警官请求不要追究汪某的刑事责任。对于这种外人很难体会的情感纠纷，应当着重考虑当事人的意思表示，不要轻易对人定罪量刑。

三、汪某一贯品行端正，表现良好。在大学期间，曾担任班级团支部书记，大学毕业后勤勤恳恳、踏踏实实地工作，尤其热心参加各种社会公益活动，深得社会各界好评。尤其值得称道的是，2004 年 10 月，汪某负责举办了一个大型公益活动，此次活动经费 2 万多元全由汪某等志愿者自行承担，组织义工 100 人，发动 20 位老师、50 位家长、80 个学生参与，取得良好的社会效果。此外汪某工作过的公司出具的证明，都能证实汪某的品行和在单位的优异表现。在 2008 年 5 月汶川地震期间，汪某率先捐款 1000 元，在单位员工中起到积极带头作用。如此一贯表现良好，富有爱心和公益心的人，在北京有稳定的高收入，有房产，冒着巨大的风险去盗窃身边男人的价值几千元的手机，无论如何都令人难以置信。

综上所述，汪某没有盗窃手机的主观故意，她拿屠某手机只是为了保留证据，与屠某交涉感情纠纷，恳望法院在查明事实的基础上，秉承以事实为依据、以法律为准绳的司法原则，宣告被告人汪某无罪。

【法院判决】

2011 年 11 月法院判决单处汪某罚金人民币 2000 元。当事人未上诉，检察院未抗诉，判决已发生法律效力。

【案件评析】

尽管本案的无罪辩护意见未能采纳，法院还是判汪某有罪，但是无罪辩护的努力确实起到较大作用，取得了预期的辩护效果。

本案单处罚金的判例比较罕见。罚金在刑罚种类上是附加刑，一般情况下是结合主刑附加适用的，虽然刑罚规定附加刑既可附加适用，也可单独适用，但在司法实践中，单独适用附加刑的情况可以说是凤毛麟角。尤其是罚金 2000 元，从附加刑本身的判罚角度看，也是极其轻微的。所有这一切，都是在辩方的无罪辩护意见精准而充分表达之下达到的。如果一开始就作罪轻辩护，充其量判六个月有期徒刑，然后适用缓刑。这对当事人来说，就远不如单处2000元罚金省事、有利。

案例二　尴尬无奈的“半成功”案件

——涉嫌泳池亵童，获刑半年

【案情简介】

2013年8月18日，这是一个很吉利的日子，但是对于丈夫被刑事拘留而委托的律师又不得力的刘女士来说，则是个火急火燎的日子。她急于找到一个能信得过的有专业水准又能用心办案的刑辩律师。在网上搜索一圈，走访了几家律所后，最终找到我这里。

据刘女士介绍，其爱人齐某是个著名学者，某名牌大学客座教授。8月4日，老先生刚刚在学术研讨会上宣读了一篇自己呕心沥血、历时数年写就的论文，获得同行的一致好评。研讨会主办方安排高规格接待，食宿在某五星级酒店，会后还给每位参会者发了两张酒店的游泳票。次日下午，兴致颇高的老教授带着五岁的外孙子到该五星级饭店的泳池去游泳。老先生本来不会游泳，因研讨会发了两张游泳票，觉得不用可惜了，于是就想带外孙子到泳池玩耍。没想到竟然在这里发生意外，深陷牢狱之灾。

事情的经过大致如此，2013年8月5日下午三点左右，齐某带着五岁的外孙子到酒店游泳池，刚下水不久，就发现泳池深水区传来一个小女孩的哭泣声。循声望去，只见一个二十几岁的姑娘抱着一个五岁左右的女孩在教孩子学游泳。那姑娘是教练，五岁的小女孩头一次学游泳，因害怕而哭泣。齐某放开自己的外孙子，向深水区走去。边走近小女孩边对她说，“孩子，要勇敢，不要害怕”。当时教练问齐某认识小女孩吗？齐某说认识。教练以为是小女孩的亲戚，就没让齐某离开。齐某在小女孩身边待了大约一分钟，突然，小女孩哇的一声开始大哭。小女孩一哭，齐某就离开了。但在岸上的小女孩母亲林某就不干了，她指着齐某说："你怎么回事？说的就是你，你知道我是谁吗？"从架势上看，林某非富即贵。她率先报警，然后还叫来二十多个人，把派出所围个水泄不通。派出所在询问完齐某之后，尽管齐某没有承认其有猥亵小女孩的行为，游泳教练的旁证也说没有看见齐某有猥亵小女孩的行为，同时也没有监控录像或泳池岸上其他证人，出警的派出所还是决定将齐某送往看守所，以涉嫌猥亵儿童罪对其宣布刑事拘留。

【律师介入】

齐某进入看守所后，其妻子先在看守所附近找了一个律师去会见，了解到一些案件的基本情况。但是对于下一步的律师服务方案，该律师只是说等到检察院阶段再说，平时只能会见一下，做不了什么事。最多帮家属写个取保候审申请书，让家属给预审递交上去。刘女士虽然不懂行，但是凭直觉感到这个律师不专业或者不用心办案，决定重新找个律师给丈夫辩护。

在如此背景下找律师，自然对律师提出了更高的要求。加之刘女士本身是个画家，也是文化人，一般的律师肯定不能进入她的法眼了。事后我也了解到刘女士曾上网搜索律师后，到了几家律师事务所，都没谈下来。

刘女士来到我这里时，听她谈了一下基本情况，我就感到这是一个富有挑战性的案子，值得做，力争把案子谈下来。我首先提出的应对思路是，会见后提交律师意见书，根据 2012 年 3 月 14 日修正的《刑事诉讼法》的规定，人民检察院审查批准逮捕，可以询问证人等诉讼参与人，听取辩护律师的意见；辩护律师提出要求的，应当听取辩护律师的意见。鉴于案件的情况和新修订的刑事诉讼法的规定，如果律师做足功夫的话，检察院很可能不予批捕。这给刘女士很大的信心，让她看到了希望。

就这样，我们很顺利地谈成了合作。会见嫌疑人齐某之后，了解到的情况跟之前其家属说的基本一致。接下来，我和家属商量做两件事：查看现场，找小女孩的游泳教练调查取证。

现场就在酒店一层的游泳池。我重点要查看的是泳池的灯光是否明亮，从浅水区到深水区大约有多远，小女孩所处的位置与小女孩母亲在泳池岸边的位置具体在哪儿，如果遭到猥亵，小女孩母亲按其所处位置能否看见；还是因为听到小女孩的哭声而指责齐某的。

以想给孩子报游泳培训班的名义进入泳池区域，在当事人家属的帮助下，找到游泳教练。教练是个体育专业的在读研究生，为人诚恳，不像某些老于世故的人，一说律师调查扭头就走。她倒是愿意接受律师的调查，这令我和一起参与调查的助理都颇为感动。我们向她表明身份后，让她实事求是地陈述当天看到的情况。按教练的说法，案发那天和今天一样，游泳池都是灯光明亮，池水也是清澈透亮的。齐某所在的浅水区与深水区的距离也就十米左右，小女孩的母亲在靠近浅水区的泳池岸边，距离小女孩二十多米。教练本人那天确实没有看见齐某对小女孩有猥亵的动作，但是在齐某靠近小女孩之后，的确听到小女孩哇的一声哭，然后就听到小女孩的母亲在呵斥齐某。

对教练做完调查笔录后，我又拍了几张照片，证明泳池的光亮程度以及当时各自的位置情况。从上述会见嫌疑人、调查证人、现场查看以及嫌疑人家属的陈述等情况分析，我觉得齐某有轻微的猥亵小女孩的行为，但够不上犯罪的程度，不应对其作刑事评价和处以刑罚。基于此，我写了个律师意见书，要求警方先变更强制措施。虽然没过几天就收到了公安局不予变更强制措施的通知，但在接下来的检察院审查批捕环节，我这个律师意见书起到了关键作用。

律师意见书

尊敬的 ×× 市公安局 ×× 分局：

北京某律师事务所接受贵局办理的涉嫌猥亵儿童案犯罪嫌疑人齐某家属委托，并经齐某同意，指派黄天时律师担任齐某的辩护人。本辩护人接受委托之后，于 2013 年 8 月 19 日首次会见嫌疑人齐某。根据其所陈述的情况，辩护人认为齐某的行为不构成犯罪，恳望贵局变更强制措施，对齐某取保候审，不予提请逮捕。

依据《刑事诉讼法》第八十六条、第一百五十九条等相关规定，辩护人提出如下律师意见，供贵局在处理本案时参考。

一、齐某接触小女孩的时间极短，而且不是单独接触，小女孩的教练员一直在身旁托着女孩，齐某没有机会对女孩实施特定的猥亵动作，纵然有一些不太规矩的行为，也远未达到构成猥亵儿童罪的程度。

根据齐某在律师会见时的陈述，8月5日下午三点左右，他与亲家母一起，带其五岁的外孙子到某酒店地下一层游泳，亲家母在泳池岸边等着。齐某带外孙子下池游泳。当其游到深水区时，听到一个小女孩的哭声，循声望去，发现一个二十多岁的女人在教女孩游泳（后来得知那女人是小女孩的游泳教练）。那小女孩不肯学，一直在哭。齐某本着哄孩子的目的过去帮助教练，伸手去托女孩的腿和腹部，让女孩打水，产生游泳的兴趣。因女孩脚乱蹬，忙乱中齐某的手可能碰到女孩的下身部分，但他并没有占女孩便宜的主观故意。因没有哄住女孩，教练就叫齐某离开，齐某马上离开。整个过程极短，不到十秒钟。

按齐某自己的说法，他绝对没有去实施这样的猥亵动作。一是小女孩的教练与齐某始终面对面，教练也一直托着小女孩的身体或抓着小女孩的胳膊，从未松手，齐某根本没有机会做出一些不规矩的动作，小女孩的教练就在身边，肯定能马上发现并及时制止；二是小女孩穿着泳衣，齐某没有可能作出特定动作；三是时间极短，总共不超过十秒钟。在这么短的时间内，有教练在身旁，泳池岸上又有其他人，齐某不可能有太过分的猥亵动作；四是亲家母在泳池岸上看着，仅就情面而言，也不敢有太过分的动作。

二、辩护人认为，如果齐某上述陈述完全属实，则其行为不构成犯罪。退一步说，纵然其趁忙乱中有一些说不清的有意无意的不规矩动作，那也属于情节显著轻微（时间短，被及时发现并制止；动作轻微），没有必要动用刑事法律来处罚这种行为，可依据《治安管理处罚法》对其采取罚款或治安拘留的处罚。如果在法定拘留期内无法查明案情，辩护人建议变更对犯罪嫌疑人齐某的强制措施，对其适用取保候审的措施，不提请检察院批捕，理由如下：

其一，本案犯罪嫌疑人齐某可能涉及无罪处理的问题，为了避免因错误逮捕带来的负面影响，应慎用逮捕措施，改为相对缓和的取保候审措施；

其二，齐某年事已高，本案又非重刑罪，犯罪嫌疑人取保后逃跑的可能性小。齐某系北京某大学客座研究员，其妻子能提供保证人，保证其严格遵守取保候审的相关法律规定，随传随到。

上述意见系本律师在严格依法会见后，根据犯罪嫌疑人齐某的本人陈述和相关法律分析作出的，深望贵局在查明事实的基础上采信律师意见。谢谢！

辩护人：黄天时，北京某律师事务所律师

20×× 年 × 月 × 日

【办案感悟】

1. 之所以要在律师意见书中写明首次会见时间是在 2013 年 8 月 19 日，是为了避嫌。因为在此之前齐某有过一次有罪供述，且在我首次会见前有过律师会见，之后嫌疑人改变口供。也就是说，在我会见之前，嫌疑人齐某已经把有罪供述推翻了。我之所以选择避嫌，既是为了保护自己，也是为了说明嫌疑人不是因我会见而改变有罪供述的，其改变是其内心真实意思表示。虽然《律师法》和《刑事诉讼法》都规定律师在侦查阶段可以向嫌疑人提供法律咨询，该咨询内容自然包括根据当事人的陈述，其行为是否构成犯罪。但是，在司法实践中，当事人改变口供，尤其在侦查阶段，更得小心才是。

2. 我的律师意见书提交不久，就收到公安局关于不予变更强制措施的通知，但是在检察院批捕环节，律师意见书起到了关键作用。齐某在关押第三十六天的晚上被放了出来，当他半夜坐黑车回到住所时，妻子恍如隔世，老泪纵横，可谓“惊定还拭泪”。齐某怎么就回来了呢？他是以什么方式被释放的？原来是检察院没有批准逮捕。我之所以说是我的律师意见书起到了关键作用，是有根据的。首先，家属见到齐某半夜回来都觉得不可思议，回来之前没有任何消息，甚至连取保候审申请书都没有交过。其次，我后来在检察院阅卷时，发现我的律师意见书已被存卷，并且在我陈述的两大理由前后被人用铅笔画括号作了标记。能明显看出来，负责审查批捕的检察官是认真看了我的《律师意见书》的，且采信了我的基本观点。可见律师只要在专业上下足功夫，还是大有可为的。

【再起波澜】

取保候审出来后，很多人都可能会认为没什么事了。其实未必如此。从刑事拘留到取保候审只是刑事强制措施的变更，并不是案件终结的标志。取保候审之后的案件走向分两种情况：一种情况是，侦查终结，侦查机关认为犯罪嫌疑人的行为不构成犯罪，作出撤销案件处理，案件到此彻底终结；另一种情况是，如果认为构成犯罪，则要继续往下走司法程序，移送检察院审查起诉。检察院经审查，认为不构成犯罪的，可作不起诉处理；认为构成犯罪的，起诉至法院，由法院作出最终裁判。

齐某出来后，我和家属都认为公安撤销案件的可能性较大。让齐某先踏踏实实做自己的事，只要不离开北京就行。齐某刚好有一本书稿在进看守所前刚提交出版社，出版社在其被刑事拘留期间联系不上他。当他出来后，看到出版社编辑发来的多个手机短信和未接电话，赶紧回复。不出半年，凝结多年心血的一本50万字的煌煌专著就正式出版了。如果不是取保候审，出版社连续几个月联系不上作者，很可能这本书就“胎死腹中”了。这是齐某适用取保候审措施取得的最大成果。

又过了2个月，取保候审大约7个月，齐某接到检察院电话，说案件已移送到检察院审查起诉，让他先过去换取保候审手续，由检察院对他进行取保候审。这就说明案件在公安侦查阶段并未撤销，且已移送至检察院。

律师接下来的任务是，抓紧阅卷。2012年3月14日修正的《刑事诉讼法》第三十八条规定了辩护律师的阅卷权：“辩护律师自人民检察院对案件审查起诉之日起，可以查阅、摘抄、复制本案的案卷材料。其他辩护人经人民法院、人民检察院许可，也可以查阅、摘抄、复制上述材料”。也就是说，自侦查机关将案卷材料移送检察院，由检察院进行审查起诉工作开始，作为辩护律师即享有阅卷的权利。这比之前《刑事诉讼法》规定的律师在法院审判阶段有权阅卷进步多了，让律师有更充分的准备时间来应对案件，尤其是像这种可能作无罪辩护的疑难复杂案件。

阅卷是刑事辩护的一项至关重要的工作，千万马虎不得。我的阅卷原则是先全卷复印卷宗，不落下任何一页。然后再分门别类地进行详细的分析研判，写出卷宗分析意见，重点是质证意见。最后与被告人进行核对，征求被告人本人的意见。通过拉网式的梳理，对每一个证据反复推敲，在此基础上才能定下法庭辩护思路。

具体的阅卷方式有点土，就是以自己给自己汇报的方式，写一份详尽的阅卷报告。报告内容根据各案的情况进行归类，大致包括：被告人口供、证人证言（含被害人笔录）、鉴定意见书、视听资料、物证（物证痕迹、指纹、作案工具等）、书证、办案机关手续和工作说明。

被告人口供一般有多次，每次标明次数、讯问起始时间、地点、侦查人员、卷宗页次。先把口供内容摘录出来，第一次笔录可摘录详细些，下次相同的内容就不摘录了。可把一次的笔录分 1、2、3、4 等要点摘录，摘录完毕之后再提质证意见，以供分析案件及法庭质证用。因卷宗内容涉及个人隐私等，不方便把摘录内容告诉读者诸君，将适当加工处理后的质证意见写出来，供大家参考。

被告人口供的质证意见：1. 办案人员有暗示、诱供的情况（8 月 14 日笔录能反映出暗示情况，12 月 25 日的补充侦查笔录也能反映出预审部分笔录虚假的情况），齐某不明白法律上的利害关系，以为按警察的意思违心供述就能出去。2. 隔着泳衣不可能实施特定的猥亵动作。3. 时间极短（齐某说 10 秒钟，游泳教练说 1 分钟），又处于深水区（水位齐到齐某颈部，他不会游泳），旁边又有教练面对面看着，抱着孩子，齐某不可能有那么大胆的动作，如果有的话，一定能发现，而教练并未看见。4. 经法医检查，小女孩身体没有受伤。如果有如此大的动作，小女孩阴部一定会受伤的，因为齐某一直留着长指甲。5. 齐某是南方人，他自己说不会用“抠”“捅”之类的词。6. 齐某有多次口供，但有罪供述只有一次，且其当庭又否定那次有罪供述，认为是在警察诱供的情况下作出的违心供述，当时警察说只要你承认了，取得家属谅解就能出来。

对小女孩及其母亲证言的质证意见：1. 孩子受家长影响，可能说假话。2. 如有抠摸行为，身边紧紧抱着小女孩的教练怎么没看见？ 3. 不仅有教练在身边，岸上还有多名家长盯着，齐某不可能有如此大胆行为。4. 基于作为孩子母亲的亲密关系，小女孩母亲的证言不可避免地带有强烈的主观性。其离深水区较远，不可能比近在身边的教练看得更清楚。

对证人游泳教练的质证意见：游泳教练的证词能比较客观反映当时的案发情况。齐某接近小女孩的时间较短，只有一分钟左右。教练没有看见齐某对小女孩有不规矩的动作，但是听到小女孩哭了一声，齐某就走开了。齐某对小女孩可能有轻微的动作，但时间短，次数少，也就碰一下。

【卷宗分析】

根据对上述证据的分析，我们可以看出对齐某不利的方面和有利的方面。不利方面：1. 被告人作过认罪供述，说得很具体，且供述是在预审时作出的；2. 小女孩的笔录与被告人的有罪供述基本吻合；3. 教练的证言提到当时岸上小女孩摸着阴部说，他掐我这了；4. 被告人不会游泳，在泳池里单独让外孙子留在浅水区，自己游往深水区的小女孩处，容易授人以柄，认为带有主观目的，加之教练笔录提到的被告人说认识小女孩，是在来的路上认识的，实际上并不认识，事后又找不到合理解释。

有利方面：1. 证据不足，综合全案，尚未形成一个完整、缜密的证据链，未达到事实清楚，证据充分的证明标准；2. 被告人只有一次有罪供述，其后随即翻供，其供述亦存在诸多矛盾（如质证意见）；3. 教练的证言最为客观可信，她在身边看着小女孩却没发现被告人有什么不轨行为，足见被告人没有什么过激动作，纵然有意无意之间有一些不规矩之处，也属于情节显著轻微（时间短、动作轻微），远未达到犯罪程度；4. 被告人没有被批捕，检察院对公安的复核意见也未理会，可见检察院对案件并没有必胜把握。

【辩护方案选定】

综合本案全部证据，可看出齐某对小女孩应该有一个轻微的不规矩动作，其在警察诱供下，在不明法律规定且自身心虚的情况下，听信警察诱供，作出过一次有罪供述。就情节的严重程度来看，尚不构成犯罪，可适用治安处罚；就证据的证明程度来看，明显没有达到确实、充分的程度，因此，本案具备作无罪辩护的条件。但是无罪辩护是有风险的，一旦无罪辩护不成功，很可能会面临比认罪更重的处罚。而且如果齐某的行为被认定为犯罪的话，将面临五年以上有期徒刑，因为游泳池是公共场所，在公共场所猥亵儿童是该罪的加重情节，处五年以上有期徒刑。其间，风险很大，必须跟被告人及其家属交代清楚，取得一致意见，方可实施无罪辩护方案。

好在当事人和家属都很信任律师，一致同意作无罪辩护，哪怕承担风险也在所不惜。当案件起诉到法院后，律师的首要工作就是确定辩护思路，拟定辩护词。

【辩护意见】

辩护人认为，检察院指控齐某犯猥亵儿童罪的证据明显不足，依法不能成立。

1. 齐某与小女孩接触的时间极短，小女孩又始终在游泳教练的严格看护之下，齐某不可能对小女孩有太过分的动作，否则，在其身边的教练应当能看见，而实际上教练并没有看见。

关于案发那天下午，齐某在某酒店游泳池与小女孩（为尊重与保护未成年人的隐私，不直呼孩子名字，只以“小女孩”或“孩子”称呼之）的接触时间，齐某本人亲笔手书的检讨书陈述的是不超过10秒钟，按证人小女孩的游泳教练2013年8月5日在派出所的笔录陈述的是“大概一分钟”。无论是10秒钟还是一分钟，接触时间短，这是一个很明显的事实。在这么短的时间内，齐某不可能做出如其在2013年8月7日在侦查期间的有罪供述中说的捅、抠等复杂而出格的动作来。首先，小女孩的教练始终在身边看着并托着孩子，因小女孩是第一次上游泳课，而且是一对一教学，出于最起码的安全考虑，教练也必然是紧紧看着孩子，并必然托着或拉着孩子，否则，孩子就将沉入水底。如果齐某对孩子有上述出格猥亵动作，教练必然能看到。特别是游泳池水清澈明亮，五岁的小女孩水下的身体部分也不会离水面太远。其次，齐某不会游泳，站立在水面齐其颈部的深水区，必须保持自己身体的平衡，在这么短的时间内，不可能完成猥亵等一系列动作。就算时间容许，在飘忽不定的水中，要完成这一系列动作，除非齐某一手托着小女孩，另一只手实施猥亵。如果是这样，小女孩的教练要么完全脱离看护，要么是放任甚至纵容齐某对小女孩进行猥亵。实际上，这两种可能性都根本不存在。最后，小女孩穿着泳衣，齐某怎么可能实施猥亵呢？庭审现场出示的小女孩伤检报告也证明小女孩身体没有红肿或外伤。

2. 侦查人员没有第一时间询问小女孩，在小女孩单独接触其母亲后才作笔录，不排除小女孩受其母亲影响而作出虚假陈述。小女孩的母亲出于保护孩子的本能，难免夸大其词，凭小女孩及其母亲的证言不足以认定齐某有构成猥亵儿童罪的行为。

一个5岁的女孩对于外人对自己的身体有如何接触，已有基本的感知与判断了。而且众所周知，孩子的心灵是纯洁的，在没有大人影响的前提下，一般是不会撒谎的。如果第一时间询问小女孩，是能查清事情真相的。派出所没有在第一时间当面、直接询问小女孩，只是在小女孩母亲带她洗漱、换衣服后才做的笔录。不排除小女孩的母亲对其施加影响，从而作出不真实的陈述。

小女孩的母亲并没有亲眼看见当时游泳池中的情况，只是说自己问孩子怎么了，孩子说那名叔叔抠了自己拉屎和尿尿的地方。这究竟是不是孩子当时说的，不得而知。作为母亲，出于保护孩子的本能，夸大其词也是常有的事。小女孩母亲的证言作为传来证据和间接证据，不能认定齐某的行为构成犯罪。退一步说，就算小女孩母亲与小女孩的证言属实，结合本案其他证据，齐某也最多只是“抠”一下而已，这种行为涉嫌违法，可依据《治安管理处罚法》处罚之，但很明显还没有到犯罪的程度。

3. 齐某所作的唯一的一次有罪供述不足信。齐某在案发当日及次日在派出所留置期间所作的四次笔录都没有承认有罪，在刑事拘留进入看守所之后的 2013 年 8 月 7 日，作过一次有罪供述。这是他全部笔录中唯一的一次有罪供述，其后随即全盘翻供。但这次有罪供述存在明显的问题。首先，如上所述，在最多为一分钟左右的时间里，在教练的看护之下，齐某不可能连续完成对小女孩的猥亵动作而不被身边的教练发现。其次，作出这次有罪供述一周后（2013 年 8 月 14 日），在预审员下一次讯问中，齐某就全盘推翻了上次的有罪供述。在回答预审员的质问“你在预审第一次供述是怎么说的？”时，齐某明确说：“你们暗示我，我为了早点出去，就供述了。”在 2013 年 12 月 25 日补充侦查的笔录中，齐某也说：“我当时想尽快求得被害人的谅解，就有了那样的供述，但这不是事实的真相。预审的笔录有部分虚假，我没那么供述。”从庭审中更能看出这次有罪供述的虚假性。

4. 小女孩的教练与本案没有利害关系，其证言比较客观，也比较接近事情真相，可采信的程度较高。以教练的证言为基准，综合考虑本案其他证据，能反映出齐某主观上有意接近小女孩，对其有一些不良意图，客观上也实施了一些不太规矩的动作，但辩护人认为，这些动作显著轻微，远未达到构成猥亵儿童罪的程度，无须适用刑罚处罚，适用治安处罚即可。

综合教练在案发当日在派出所作的笔录，以及在 2013 年 8 月 22 日亲笔书写的“证明”，再结合本案其他材料，可反映出案发当时的基本情况为：齐某从浅水区走向深水区，主动接近小女孩，对教练谎称认识小女孩，然后就蹭了一下小女孩，小女孩就哭了。齐某与小女孩接触的时间大约有一分钟（“证明”与派出所笔录一致）。在小女孩母亲过来问小女孩怎么了时，小女孩说“刚才那名男子掐了自己的屁股”（派出所笔录），“孩子指着老先生说他摸了一下我的屁股”这与教练看见的蹭了一下和听小女孩说的“摸了一下”相互印证，也与齐某接触时间短但小女孩在接触后就哭了的基本事实相吻合。这些事实说明，齐某对小女孩有过不规矩的动作，但情节显著轻微：时间短，次数少，就一下，且动作轻微——蹭或摸，并不是捅或抠。

《治安管理处罚法》与《刑法》都对猥亵的处罚有相应的规定，其立法要旨就是要根据不同情节，区分不同性质的行为，在此基础上施以不同的处罚。

根据《治安管理处罚法》第四十四条的规定，有些猥亵儿童行为通过治安处罚即可达到惩戒效果。这就表明并非一切猥亵儿童的行为都要受到刑事处罚，这是制定刑事处罚标准的前提；其次从刑法对猥亵儿童行为的处罚规定来看，猥亵儿童罪的量刑起点高，其从重情节甚至超过强奸罪，这也就要求我们在司法实践中确定标准时要从严把握，不宜将情节显著轻微的猥亵儿童行为纳入刑法评价中，可将此类行为纳入治安处罚评价中，对行为人处以治安处罚即可。

有的学者通过大量案例的研究，根据中国法律的规定并结合司法实践，建议凡具有以下猥亵儿童的情形之一的，应当以猥亵儿童罪追究其刑事责任：

（1）一年内猥亵儿童两次以上或一次猥亵儿童两名以上的；

（2）采取暴力、胁迫或以之相威胁等方法强制猥亵儿童的；

（3）猥亵儿童致使被害人轻微伤以上损伤的；

（4）猥亵儿童造成其他严重后果的，如严重损害儿童心理健康，造成被害儿童近亲属精神错乱或自杀的，等等。

辩护人认为，这个标准比较客观公允，也比较切合实际。依此标准判断，齐某对小女孩只有情节轻微的一次“蹭”或“摸”的行为，随即马上离开，没有采取暴力、胁迫等强制方法猥亵，也没有给小女孩身体造成物理性损伤或造成其他严重后果。从齐某的行为性质和情节看，确实尚未达到构成猥亵儿童罪的程度。建议法院秉持以事实为依据，以法律为准绳的司法原则，在查明事实的基础上，正确适用法律，宣告被告人齐某无罪。

5. 不得不说的几句题外话。写完辩护词，辩护人意犹未尽，觉得还有几句题外话不得不说。一是要感谢时代进步、法治昌明给被告人带来的公正审判的机会。经过几十年的发展，中国的法治在不断前进，今天的被告人坐在法庭上，能有充分说理与辩护的机会，对国家与时代应秉持感恩之心。二是这类案件特别容易触动人们敏感的神经，同时容易使人情绪化。本辩护人也是一个女孩的父亲，深深理解父母出自本能与天然的舐犊之情，特别能体会父母保护孩子的强烈愿望。但是情感不能代替法律，无论如何情绪化，最终也得冷静下来审慎对待本案。如果他人对孩子的伤害没有达到犯罪程度，父母强烈要求把被告人判刑，这不仅对被告人是不公允的，对孩子来说这种过度保护与其说是保护，不如说是伤害。三是希望被告人吸取教训，深刻地反省自己的过错，对小女孩及其父母表达真挚的歉意。

以上辩护意见，是辩护人在深入分析案件的基础上，在尊重事实，尊重法律的前提下作出的诚恳表述，深望法庭采纳。谢谢审判长，谢谢合议庭的各位审判员、陪审员。

【裁判结果】

法院作出判决，以猥亵儿童罪判处齐某有期徒刑六个月。律师的无罪辩护意见虽然没有被法院所采信，但法院还是充分考虑了律师的意见，采取了疑罪从轻的折中处理措施，认为齐某在游泳池水下实施猥亵小女孩的行为，泳池水下不易为公众看见，不符合公共场所的本质内涵，因而不属于公共场所猥亵儿童的加重情节，只按有期徒刑的最低格判了六个月。试想，如果不是律师的无罪辩护意见论述得深入细致，齐某只是以认罪获得从轻处理的话，很可能往低判也得五年了。

案例三　因工涉罪，专业律师辩冤白谤

——从涉嫌骗取贷款罪到被检察院撤回起诉

【案情简介】

2012年4月的一天，北京大兴区某担保公司后勤人员李某在网上QQ聊天时，认识了北京东城区某小贷公司的业务员徐某。两人谈到业务合作事宜，互相介绍了各自单位的情况。过了几天，徐某打电话给李某，说他们小贷公司的老总郭某要去大兴区办事，顺便想到李某所在的担保公司了解一下情况，让李某安排一下，最好是安排两个公司的老总之间对接。

放下电话，李某就向公司老板张某汇报情况，张某同意接见小贷公司的老总郭某。没几日，两个公司的老总在李某安排下终于在李某所在的担保公司见面了，李某也在两个老总见面时负责介绍、接待，其间做一些端茶倒水之类的后勤工作，具体事务由两个老总直接洽谈。双方相谈甚欢，同意进行合作，由担保公司给小贷公司推荐一些有贷款需求的客户，并给客户的贷款提供担保。这本是一个双赢的合作，小贷公司可以通过担保公司推荐的客户完成房贷任务，赚取业绩，担保公司则能从为客户提供的担保中收取一定的费用。小贷公司唯一不满意的是，担保公司的资质太低，没有大额的授信担保资质。担保公司老总张某提出可以找一家大型担保公司——隔壁办公的某担保公司就有大额授信担保资质。而且自己的担保公司与该担保公司有过多次合作，且自己公司租用的就是该担保公司的大楼。郭某同意了张某提出的让该公司提供担保的合作方案。此后，两个公司又联系了该担保公司，该担保公司也对这个合作项目非常感兴趣，很快就达成合作意向。小贷公司经审核该担保公司的资质，已给该担保公司2000万元的书面授信。

接下来的合作似乎更加顺利，李某多次接到公司老板或业务部的指令，说有客户需要到小贷公司贷款，为了防止客户私自签约公司收不到介绍费，需要做后勤的李某前去盯一下。公司给客户约好几点到小贷公司，然后派李某过去。李某到小贷公司后，与客户简单聊聊，就上前台把客户介绍给小贷公司。后面的填表、签合同之类的贷款手续都由客户与小贷公司直接办理。李某有时会陪客户一起到小贷公司楼下的银行办理银行卡，因为小贷公司指定接受贷款的必须是北京银行的卡，而有的客户没有北京银行卡，就得临时办一个。如此下来，李某先后陪同过十多个客户到小贷公司贷款。

小贷公司为了省事，每个月应收客户利息也委托李某所在的担保公司代为收取，担保公司为了维护合作关系，也将这件差事应承下来。因为是与公司并无瓜葛的代收代付，担保公司收取的客户利息不能入公司账户，只能打到个人卡上。李某按公司老板要求，提供了一张个人银行卡，用于收支客户利息。

一开始客户的利息都能按月打过来，但是过了半年左右，这些利息都不能按时到账了，经催要也迟迟不给。更糟糕的是，贷款合同到期后，很多客户连本金都不归还。无奈之下，小贷公司将没有还款的客户以民事诉讼方式诉至人民法院，要求客户归还借款本金，支付利息。

这看似简单明了的官司，到开庭后却发现里面情况复杂：所有借款人都不承认自己是真正的借款人，都说是为了给亲戚或朋友帮忙去办理贷款的，实际上他们并没有用款需求，所借款项也没有归他们使用或支配。甚至连这些借款经过他们的卡过账后，最终落入谁的腰包都不清楚。他们也没有支付利息，也不知道是谁支付的。因此，他们不认可自己欠小贷公司的借款，不愿承担还款责任。法院经调查了解，发现该担保公司的老板石某才是真正的用款人，但经多次传唤石某始终处于失联状态。

面对突发情况，法院休庭后经研究认为本案可能涉及刑事犯罪，中止对案件的审理，并将案件移送至公安局。2014 年 5 月，公安局以骗取贷款罪对本案予以立案，先后将三名借款人以及担保公司的老板张某、员工李某传唤至经侦队，随即对上述五人宣布刑事拘留。经延长拘留期限，在法定最长拘留期限即将届满之际，除一个借款人被逮捕外，其余四人都先后被取保候审。又过了半年左右，正当四个被取保候审的嫌疑人认为自己没什么问题时，突然接到检察院打来的电话，说案件已到检察院审查起诉，让他们去检察院办理取保候审手续。

我在此时接受李某的委托，正式介入案件。我首先排除各种主观臆断，把几十本厚厚的卷宗全卷复印，垒叠起来足有一米多高。然后专门抽出两天时间认真阅卷，做详细的笔记。因李某是与我有十多年交情可以推心置腹的朋友，阅卷完毕后，我没有表态，而是私下反复问他如下问题：之前是否认识借款人？是否知道借款人的借款事由？是否知道借款人并非实际用款人，其行为可能涉及骗贷问题？是否有与他人合谋过骗取贷款的故意？是否从中获取过什么利益？其陪同客户去小贷公司的行为是否受公司指派？当得到李某多次语气坚定的否定回答后，结合我分析卷宗得出的判断，我内心确认李某的行为与犯罪无涉。

接下来我觉得有必要写个《律师意见书》提交检察院，争取让检察院对李某作出不起诉处理。但我的《律师意见书》提交检察院之后，并未得到任何回应。检察院最终还是把案件诉至法院。

到法院审判阶段，我和李某商定继续坚持无罪辩护意见。李某老板及其辩护人也是作无罪辩护，其余三名借款人认罪。法院经审理，认定李某主动前往小贷公司联系贷款担保业务，帮助该担保公司与小贷公司建立业务联系，陪同借款人且携带保证合同前往小贷公司办理贷款手续，并收取部分借款人贷款所用银行卡，在骗取贷款过程中起重要作用。李某作为担保公司的工作人员，主观上明知贷款业务流程、手续，客观上对借款人骗取贷款起到积极帮助作用，故对辩护人关于李某不构成骗取贷款罪的辩护意见不予采纳。一审法院以骗取贷款罪判处李某有期徒刑一年，同时宣告适用缓刑一年。

李某不服一审判决，上诉至中级人民法院。二审法院经审理，认为一审判决事实不清，证据不足，裁定发回重审。一审法院重新组织合议庭，又经过长达一年马拉松式的诉讼，终于在2017年11月20日宣判。此前检察院已撤回对李某的起诉，法院在宣判时，首先宣告同意检察院撤回对李某起诉的裁定，然后对其余四人作出有罪宣判。

【辩护意见】

本律师认为，本案就追诉李某方面来看，主要争议焦点为：李某是否具备与借款人或其他人合谋骗取贷款的主观故意？客观上是否实施了骗取贷款的行为？小贷公司从总经理到参与签订贷款合同的员工为追求业绩直接编造贷款项目，明知借款人没有贷款需求仍发放贷款，其行为是否符合上当受骗心理？小贷公司授信案涉担保公司2000万元担保，而未收回的贷款1960万元，仍在授信范围内，且案涉担保公司尚未破产或注销，在尚未穷尽民事追偿手段的情况下，小贷公司的回款问题是否属于正常的商业风险？在真正的用款人石某没有归案对质的情况下，认定李某有罪的证据是否充分？

围绕上述焦点问题，我在发回重审阶段，提出了如下无罪辩护意见：

1. 李某没有与本案其他被告人合谋骗取贷款的主观故意

检察院指控被告人张某、李某等五人向小贷公司贷款共计人民币1960万元，辩护人认为，对李某的指控根本无法成立。

（1）李某、张某与借款人林某、林某伟、王某、杨某等人事前均不认识，亦未联络过，不具备共谋骗贷的条件

李某、张某与借款人均素昧平生，张某甚至与借款人没有见过面，李某也仅仅是在他们办理贷款手续的那天与其见过一面，彼此间也没有任何联络，谈何伙同、共谋的问题？试想，一个涉及少则几十万元，多则上百万元乃至数百万元的贷款案，如果被告人之前彼此根本就不认识，单在办理贷款手续的短短十几分钟内就能达成密谋骗取贷款的共同犯意吗？这显然是不合乎生活情理和基本逻辑的。至于李某与张某及案涉担保公司之间，也没有任何证据显示他们存在骗取贷款的通谋。

（2）李某对本案核心问题，诸如编造虚假贷款项目、贷款流向均不知情，不存在虚构事实或隐瞒真相的骗取贷款的主观故意

李某在借款人办理贷款手续时，到小贷公司去的目的，主要是防止借款人“跑单”（不支付服务费）或其他中介公司“抢单”。他并未参与借款合同、借款申请或借款收据的填写，也没见过上述合同、单据，确实不知道贷款人因何贷款。事实上，借款人只填写了姓名、身份证号码等个人基本信息，签了名字，在贷款项目和用途栏留下空白，是由小贷公司的工作人员王某某、白某、徐某填写的，关于这一点，各借款人的陈述与小贷公司总经理郭某、员工王某某的陈述高度吻合，能完全印证李某并未参与虚构贷款项目和用途等造假行为。至于贷款流向，李某

在案发前也并不知道借款人非实际用款人，贷款所得流向何处。

（3）李某在本案所涉及的全部行为都受老板张某指派，均系职务行为，没有自己独立的意志

张某出具的《情况说明》和担保公司出具的《证明》均能证明李某不知情、受公司指派按公司要求做事的情况。这与李某在笔录中陈述的按公司指派带客户去小贷公司、请示张某之后留客户的银行卡完全一致。不知情的职务行为就不存在通谋的问题，本案中的所有证据均无法证实张某与李某有共谋骗取贷款的主观犯意。

2. 李某在客观方面没有实施骗取贷款的行为

表面来看，李某在本案中涉及的行为面较广，从介绍担保公司与小贷公司老总彼此认识到办理贷款手续，再到提供银行卡替借款人收支贷款利息均有李某的参与，但从实质上看，李某的上述行为都没有深入两个公司实质性的协商谈判的程度，更没有触及虚构事实或隐瞒真相这一根本的“骗取”行为的本质内涵。李某所涉及的各个工作环节恰恰符合内勤人员事务性的工作性质。

3. 本案存在一个无法回避的核心问题：检察机关指控被告人犯有骗取贷款罪，那被告人到底骗了谁？任何欺骗行为，都应该有具体而明确的欺骗对象，即欺骗行为的相对人，然后再看相对人有无受骗并采取相应的处分行为以致形成受骗的结果，从而对欺骗的既遂和未遂予以评价。

小贷公司本身是不能欺骗的，被骗的只能是具体的自然人，因为公司的任何行为是一种集体或个人意志的表达，它的一切经营活动是通过具体的工作人员来实施的，那么借款人的欺骗行为本应直接作用的对象即贷款经办人没有受骗的情况下，到底谁是受骗对象？

骗取贷款罪是指以虚构事实或者隐瞒真相的欺骗手段，取得银行或者其他金融机构的贷款，给银行或者其他金融机构造成重大损失或者有其他严重情节的行为。一般情况下，在骗取贷款案中，金融机构工作人员对贷款申请人提供虚假资料的行为是不知情的，或者说对贷款申请人以欺骗手段获取贷款的目的不是明知的。那么，在金融机构的工作人员对贷款申请人以虚假资料骗取贷款的行为或目的明知时，也就是并不存在受骗的情况下，借款人获得贷款到底骗了谁？这是一个不容回避并需要明确答复的问题。

本案中，负责贷款各个环节的小贷公司工作人员均明知借款人没有填写借款用途等重要资料（实际上也是小贷公司的人员指使借款人不要填写），但为了追求本单位业务绩效或者其他目的，还亲自参与造假，填写编造的贷款理由，并以单位的名义向借款人发放了贷款。在这种情况下，借款人就不应构成骗取贷款罪。道理很简单：贷款各个环节工作人员的集体行为代表了小贷公司的意思和行为，他们发放贷款不是基于错误的认识。此时，借款人的“欺骗”行为既没有欺骗的对象也没有达到欺骗的效果，而仅仅是一种提供虚假资料的行为，该种行为无法上升到欺骗的高度，更不能上升到刑法评价的程度，所以不存在欺骗，也就不构成骗取贷款罪。事实上，没有小贷公司人员（从普通的业务员、信贷员徐某、王某某到决策人物——总经理郭某）起主导作用的造假行为，按该公司正常的贷款流程（贷前调查、贷中审查、贷后检查；借款人提出贷款申请后，经审核合格，五天至七天才能放款），借款人没有任何“骗”到小额公司贷款的可能性。更为重要的是，小贷公司的最高决策层审贷会的成员王某某、高某某都签字审核过了，主动对案涉担保公司进行担保授信。这就更能证明小贷公司是自身在开展与案涉担保公司的业务合作，并没有所谓被骗的成分。

4. 李某没有从中获利

骗取贷款是一种经济犯罪行为，行为人起码要有一个获利的目的，而李某自借款人获取贷款至今长达数年时间均未获利，现有证据也无法反映李某有非法占有的获利目的，这也从侧面反映出李某没有骗取贷款的主观故意和客观行为。

5. 本案最关键的人物——真正用款人石某没有归案

由此一来，无法证实石某与张某、李某、郭某、王某某及其公司之间存在骗取贷款的合谋，指控李某涉嫌骗取贷款罪缺乏缜密而完整的证据链。

本案与李某有关的借款人的贷款所得很大一部分都流向石某本人或其指定的账户中，实际为石某所用。而目前在石某并未归案的情况下，并无证据表明石某与张某或李某存在合谋，也没有证据表明石某与小贷公司或郭某之间存在合谋，现有证据只能证明石某通过陈某、林某本人或让其找借款人进行贷款，然后按石某的旨意把所贷款项留给石某使用。这甚至连石某与陈某、林某和其他借款人之间存在共同犯意都证明不了。只要查不出石某与张某、李某或其他被告人之间有共同骗取贷款的主观故意，就完全存在如下一种可能性：石某一人

“独狼”行动，利用朋友的信任找到借款人（石某有融资性担保资质的公司和知名饭店楼房都是极具外表张力的信任幌子），小贷公司因区域局限多年完不成放贷任务，与有客户需求同时在寻找担保盈利点的担保公司老板张某一拍即合，随即进入了石某设下的圈套。小贷公司的总经理为了追求营利，不惜指使他人编造贷款项目和用途，完成放贷任务。天底下巧合的事情多得很，只要对案件基本事实没有完全排除合理怀疑，得出唯一结论，根据刑事诉讼法和相关司法解释的规定，案件证据就没有达到确实、充分的程度，对被告人的指控就无法成立。

6. 案涉担保公司作为各借款人的担保人尚未破产或倒闭，小贷公司完全可以通过正常的民事诉讼的方式追回贷款，实现自己的债权

如果发现案涉担保公司资不抵债或其实际控制人石某携款潜逃，那也是小贷公司应当承担的商业风险。小贷公司以高出银行同期贷款利率四倍的标准收取借款人利率，自身贪图高利而把关不严，甚至上至总经理下至普通职员多人参与造假，出现回款不利的情况却不愿意承担风险。更何况小贷公司已经给案涉担保公司 2000 万元的担保授信，更应该由自身承担由此带来的商业风险。其授信行为完全是自愿的，没有证据显示被告人对此有隐瞒欺诈或胁迫行为，使其作出错误的授信表示。从案涉担保公司的实际情况看，虽然法院查封了该公司投资人持有的 30% 股权，但只占小部分。事实上，小贷公司之前已经向案涉担保公司发出代偿通知、律师函并提起诉讼，其后不知什么原因却又以刑事案件报案。本案到法院之后补充的证据材料完全能证明上述问题。

7. 证据问题

本案原审经中级人民法院二审，作出生效裁定，认定本案事实不清，证据不足。发回重审后，检察院补充的证据也没有达到足够的补强效果，仍无法认定李某有罪。

检察院补充的证据主要有张某的笔录、李某银行卡交易明细、某饭店变更名称和法定代表人的材料以及某饭店的损益表、资产负债表。这些证据都难以达到补强效果，无法认定李某有罪。张某的笔录涉及李某的问题，主要谈到其当初与小贷公司总经理郭某、王某某首次见面时李某在场，但在会谈时经常出去。其中并没有说到李某参与了实质性的发言。且当时仅仅是一次极其正常的业务接触，

根本不涉及共谋骗取贷款之事。说到李某拿客户银行卡的事，如上所述，没有证据证明李某通过此卡取款，或者帮助他人取款；至于用李某的银行卡帮助小贷公司向客户追收利息，那是小贷公司的一贯做法，况且这也是借款人取得贷款之后的事了。与之前的所谓“骗取”贷款没有关系。该饭店的经营状况及其资产负债情况，不能反映案涉担保公司的全部资产信息。即使案涉担保公司真的资不抵债了，小贷公司对其作出的授信担保也应承担正常的商业风险。

从本案刑事案件进程上看，本案从公安侦查到检察院审查起诉阶段，就一直在存疑中徘徊。起初案件并无举报人或报案人，是一审法院在审查民事案件中认为本案可能涉嫌犯罪问题，移送公安分局经侦队处理。公安分局在侦查中开始认为不构成犯罪，提出不予立案意见，被检察院否决。检察院在审查批捕张某时，又认为张某涉嫌犯罪的证据不足，作出不予批捕的决定；同时还对公安局移送的案件作了两次退回补充侦查；对李某则在拘留期满前，未提请批捕就作出取保候审措施。

【判决结果】

一审法院作出刑事裁定书，准许人民检察院对被告人李某撤回起诉。人民检察院作出不起诉决定书，认为公安分局认定的犯罪事实不清，证据不足；认定被不起诉人李某具有骗取贷款的主观故意证据不足，不符合起诉条件，根据《刑事诉讼法》第一百七十一条第四款的规定，决定对李某不起诉。

【裁判文书】

因为是检察院撤回起诉，法院作出重审裁定，从某种程度上说，律师深入细致、鞭辟入里的辩护意见被检察院采信了。检察院在随后作出的不起诉决定书中认为公安分局认定的犯罪事实不清，证据不足；认定被不起诉人李某具有骗取贷款的主观故意证据不足，不符合起诉条件，故作出不起诉决定。

【案例评析】

一、在刑民交叉的案件中，如何界定被告人的责任。

本案属于比较典型的刑民交叉的案件，以民事诉讼起，以刑事裁判终。小贷公司因贷款无法收回，启动民事诉讼追债，法院受理民事案件过程中，又认为可能涉及刑事问题移交公安。

二、被害单位为招揽贷款、追求业绩主动造假，编造项目，明知借款人无借款需求仍签约、放贷，能否构成被骗。

从文义解释角度而言，上当受骗是指因对方虚构事实或隐瞒真相而使自己作出错误意思表示。对于明知借款人虚假借款而不把关排除，甚至与之配合、主动造假，小贷公司基于其明知事实真相的放贷显然不能说是被骗。

【结语和建议】

经济领域的罪与非罪问题不像传统犯罪那样泾渭分明，对于从事经济活动尤其是金融活动的当事人来说，遇到判断不准的问题，一定要留个心眼儿，先咨询专业律师再做行动，以免有不测之忧，乃至身陷囹圄。对于刑辩律师而言，应立足于案件本身，以真材实料的辩护“干货”来说服法官。

案例四　惊天逆转，永不言败

——二审改判的民间借贷纠纷案

【案情简介】

2014 年 5 月初，做邮币卡生意的雷某因在北京邮币卡市场承租商铺而资金短缺，要向朋友许某借款，许某同意借款，但是提出要由雷某提供质押和担保人。对雷某来说，质押不是难事，他手头有价值数百万元的第三版人民币，关键是找到一个能让出借人信得过的担保人。几经周折，雷某找到了生意合作伙伴、北京富商龙某。龙某是个古道热肠的商人，听说朋友有困难，欣然答应帮忙。

5 月 16 日，雷某与许某、龙某三方签订《借款合同》，约定：许某借款 250 万元给雷某，借款期限自 2014 年 5 月 16 日至 2014 年 11 月 15 日。雷某提供了面值 40 万元的第三版人民币作为质押，并当场将质押物交付给许某，同时，龙某为雷某的借款承担连带保证责任。同日，许某将上述款项交付给雷某。借款到期后，雷某因资金周转困难，未能还款。许某将龙某起诉至人民法院，要求雷某偿还借款 250 万元、支付 12.5 万元律师费，并要求龙某对雷某上述款项承担连带保证责任。龙某收到法院传票后，觉得案件胜诉无望，开始也未咨询律师，后来临开庭时，因他自己脱不开身，才委托我作为代理人代理其诉讼。

【代理意见】

我详细看了材料，仔细与龙某了解情况。觉得本案有两点事实是非常清楚的，即雷某拖欠许某借款250万元未还，以及龙某为这笔借款提供担保，而且是连带保证责任。本案看似事实清楚，律师并无什么作用，无非是拖拖时间。当事人龙某委托案件给我时，也觉得本案并无胜诉可能性。

接下来，我就使出两个招数，第一招是提管辖异议，根据龙某的户籍，本案应移送其户籍所在地人民法院法院管辖。但是，法院并未受理龙某的管辖异议申请，理由是已过答辩期，当事人不能再提管辖异议了。无奈，只好抛出第二招，申请法院增加雷某作为共同被告。法官觉得这个申请合理，要求我方提供雷某的住址和电话。这样在传唤雷某的过程中，又拖延了一段时间。在此期间，我再认真研究案情，觉得案件并非铁板一块，至少有两个地方是大有文章可做的。其一，雷某在借款时提供了收藏版的第三版人民币（面值40万元）作为质押，龙某的保证责任的范围仅在于质押物之外的债权。其二，许某提出的12.5万元的律师费明显虚高。其“虚”在12.5万元的律师费只有12万元的发票，且分十二张开具，每张一万元。“高”在数额明显过高，这样一个对原告律师而言并无调查取证工作，案情简单的案件，并无多少劳动量和技术含量，收12.5万元律师费实在有点说不过去。且律师与原告互有利害关系，完全能相互串通，订立虚假代理协议，虚开发票。

经过一段时间，法院已将雷某传唤到庭。庭审中，我提出上述答辩意见，认为被告雷某已提供第三版人民币作质押，龙某的保证责任范围应在质押之外，律师费明显虚高，不同意原告的诉讼请求。原告方认可已收到雷某的质押物，但未清点，无法确定其价值，只认可面值为40万元。律师费分十二张票开，是因为代理律师所在的律师事务所是个人所，一张发票最多只能开一万元，所以分十二张开。那5000元未开票的，听由法院判决。法院要求原告下次开庭时，把质押物带过来，双方共同核验。

二次开庭时，原告方果然把质押物带过来了。因单张面值小（最大的才10元）、种类多（有10元、5元、2元、1元和毛票），40万元面值的人民币竟然装了几个纸箱，放在原告汽车的后备箱里。因过法院安检麻烦，这些人民币未能带进法庭。法官让双方下楼到原告车里清点，但原告打开后备箱之后，我们发现有几捆钞票都被拆封了，有的还散落一边。雷某认为原告动了钞票，不同意清点。

案件经调解无效，一审法院根据《合同法》[①]第二百零六条，《担保法》[②]第三十一条之规定，判决如下：一、雷某于本判决生效之日起七日内偿还原告许某借款本金250万元；二、雷某于本判决生效之日起七日内向原告许某支付律师费12万元；三、龙某对上述第一、二项被告雷某应清偿的债务，向原告许某承担连带保证责任。一审判决实际上除原告5000元没有发票的律师费没有支持外，对其余诉讼请求全都支持了。

龙某不服一审判决，继续委托我做二审案件的代理律师，将案件上诉。

【上诉意见】

1. 许某主张债权的律师费明显虚高，且一个案件的费用分开12张发票也与一般律师事务所的财务制度不符，不应得到全额支持

本案是个案情极其简单的借贷纠纷案件，无须律师调查取证，许某一方提供的借款证据只有一份借款合同和一张银行业务回单，对律师而言，完全是个技术含量和劳动含量都极低的案件，根本用不了12万元律师费。且其所提供的律师费分开12张发票，更让人怀疑其真实性。一审判决认定上诉人认可该发票真实性，属于认定事实错误。实际上，上诉人在一审庭审质证时，就明确对该发票的真实性提出质疑，认为12万元明显虚高，分12张开也不符合惯例，且没有《委托代理合同》相佐证，无法证明其真实性。如果该律师所在的律师事务所规模小，一张发票最多只能开1万元，正好能印证12万元明显虚高，超出其平时一个案件最高收费的12倍。

2. 一审判决罔顾出借人许某持有借款人雷某足额质押物（第三版人民币）的事实，直接判令担保人龙某对雷某的250万元借款承担连带担保责任，明显加重了上诉人的担保责任

雷某在向许某借款250万元当日，就与许某订立了《质押合同》，并将足额质押物当场交付出借人许某手中。《质押合同》第五条确定质押物作价250万元整，质押率为百分之百。正因为雷某能提供足额质押物，上诉人才愿意为雷某的借款

① 本法已被《中华人民共和国民法典》废止。

② 本法已被《中华人民共和国民法典》废止。

提供担保。一审判决竟然以质押合同没有明确注明质押物名称、数量，且双方未提供质押物清单为由，既未考虑质押合同以及质押物的折抵价值问题，亦未理会上诉人要求许某返还质押物的诉求，直接判令上诉人对雷某的全部借款承担连带清偿责任，明显加重了上诉人的担保责任。

综上所述，一审判决忽视质押合同和质押物的存在，判令上诉人对雷某的全额借款以及对许某明显虚高的律师费承担连带清偿责任，均显失当，恳请二审予以改判。

【二审审理】

我在上诉状中，没有明确提到《担保法》《物权法》有关物的担保方面的规定，也没有把龙某的担保责任范围这个上诉重点列在第一条，让对方觉得上诉只是拖延时间之举，顺带减少一部分律师费。

二审开庭时，出借人和担保人双方当事人都没有到庭，都委托各自律师出庭。借款人雷某没有到庭，缺席审理。开庭前我问对方律师是否同意调解，对方律师不屑一顾地说：这有什么好调解的，叫他们还钱就是了。显然，对方律师以为他们在二审中将稳操胜券，信心十足。开庭时，他只是对律师费问题作了一些说明，等我提出《担保法》第二十八条规定时，他有点傻眼了。这条的规定是，同一债权既有保证又有物的担保的，保证人对物的保证以外的债权承担保证责任。具体到本案，借款人雷某在借款时提供了第三版人民币作为质押物，交付给借款人时，虽然未经清点，但是双方在《质押合同》第五条明确规定“本合同项下质押动产/权利作价贰佰伍拾万元”“质押率为百分之百”，应视为双方认可将质押物作价250万元，故龙某只需对250万元以外的债务即许某主张的适当的律师费承担保证责任。

【判决结果】

二审法院判决变更一审民事判决第三项为：龙某对上述第二项雷某应清偿债务，向许某承担连带保证责任。这样就彻底把一审判决中龙某对250万元借款的担保责任给剔除了，龙某只需承担12万元律师费的担保责任。

【案例评析】

1. 在以胜败为主要考量标准的律师业内，有时需要一种“只问耕耘，不问收获”的精神

“我这官司能不能赢？”这是当事人最爱问律师的一句话，律师几乎是一个以成败论英雄的行业。当事人认为打不赢的官司就没有必要请律师了。这其实是一个似是而非的问题。首先，官司能否打赢，在判决没有出来之前，都只是一种预测。任何预测都不一定完全与最终结果相吻合。我上文提到过预测完全胜诉的官司最后却败诉，反之，预测败诉的官司最后也可能胜诉。本案的情况就是如此。因此，当事人可能完全以胜诉为唯一追求目标，但是律师却不能盲目迎合当事人这一心理。无论胜败，律师都要努力做好每一件具体的代理工作。拿出置之死地而后生的勇气和“只问耕耘，不问收获”的努力去面对。其次，有律师介入也可能通过促成调解或者找出有利因素，达到维护当事人合法权益的目的。

本案许某借款250万元给雷某以及龙某为此提供连带担保的事实和证据都十分明显，原、被告双方开始都以为证据优势完全在借款人许某一边，一审判决原告胜诉，被告龙某对雷某的借款本金和律师费承担连带清偿责任。二审似乎除了拖延，并无其他可操作空间。但是随着对案情的深入分析研究，发现情况并非如此。雷某借款时提供了质押物做担保，尽管没有清点，也没有移交清单，但是原告已承认收到质押物，更重要的是，《质押合同》已规定“本合同项下质押动产/权利作价贰佰伍拾万元”“质押率为百分之百”，这种规定应视为双方认可将质押物作价250万元，还有什么清点的必要？因此，一审判决认定的所谓《质押合同》未明确注明质押物的名称、数量，且双方未提供质押物清单，对质押物价值不能达成一致，都无法对抗上述《质押合同》第五条的具体规定。

如果只是考虑拖延的话，有的律师可能就会放弃其他方面的努力，不会再深入研究案情了。从原告方面来看，一审赢了官司，二审似乎也稳操胜券。这种必赢无疑的案件也好像无须做过多准备。但事实却告诉律师：勿偷懒，不到最后，一切皆有可能！努力耕耘好自己的每一块土地，累累硕果就在不经意间回报了你。

2. 深入探究法理，方能精准理解法律，进而更好地应用法律

本案终审判决所依据的是原《担保法》第二十八条的规定，《民法典》施行后，作为律师要及时学习《民法典》关于担保、物权等新规则，只有深入学习，才能准确把握法律规定，从而更好地应用法律。

3. 运用适当的诉讼技巧能让你处于主动地位

本律师在本案二审代理中，始终处于主动地位，其中有一个诉讼技巧可为读者诸君道来。这就是上诉重点的隐藏导致对方代理人在二审中准备不足，无力应对。本来我方的上诉重点是保证人的担保责任范围问题，但是在上诉状中却把律师费过高问题列为第一要点，并且以较长的篇幅来论证这一要点。后来在庭审中达到一定效果。我想对方很可能觉得一审赢了的案子，二审只是走过场，不会有什么变化，无非是把律师费的事情准备一下，其他问题十拿九稳。所以，在二审庭审中，我能明显看出对方律师的紧张情绪，特别是在说到保证责任范围时，他无言以对。

诉讼主要是在证据上和法律上下功夫，但是适当地运用诉讼技巧也是很有必要的。正如有考试必有应试一样，有诉讼就有诉讼策略的发挥。但从根本上看，做足自己的功课，准备各种应对方案，就不惧对方如何高招迭出，如何变幻莫测。

案例五　有志者事竟成

——村民小组起诉行政机关撤销林权登记证①

【案情简介】

2005年3月25日，案外人丁某等8人以老丁村小组名义（甲方）（以下称原告）与作为乙方的周甲、吴某、周乙签订《租赁山地经营使用权合同书》（以下简称租赁合同），约定甲方将位于老丁村小组的165亩山地租赁给乙方，租赁期限为30年。合同签订后，乙方即占据该林地，随后周甲等人注册成立农业公司（本案第三人）。2007年3月，周甲利用担任村支书的职权，伙同吴某、周乙，以给村民办理造林补贴的名义，骗取原告的林权登记证，随即向该县林业局（后林权登记职能划归该县自然资源局，故该县自然资源局作为本案被告）申请办理林权流转，将原告所有的林地使用权及林木所有权、林木使用权流转至农业公司名下。2007年7月31日，林业局向农业公司颁发林权证。2020年6月8日，老丁村小组起诉自然资源局，要求撤销为农业公司颁发的林权登记证。

【办案思路】

这是我与本所另一位律师共同承办的一起行政诉讼案件，当事人最初找到我们，是因为一起由林地租赁纠纷案件引发的民事诉讼再审案件。在对案件材料的研判中，我们发现原林权登记机关在对农业公司的林权流转登记上存在严重瑕疵，其登记所依据的租赁合同在生效民事判决中被确认无效，在登记过程中原林权使

① 来源：中国裁判文书网，https://wenshu.court.gov.cn/website/wenshu/181107ANFZ0BXSK4/index.html?docId=ab57751c2f99413a9bebac5700fcd1d6，最后访问时间：2022年6月21日。

用权人未到场，行政机关在受理登记申请后，没有对申请事项进行公示。我们可以通过另行提起行政诉讼找到新的切入点，达到与民事再审案件殊途同归的目的。经过协商解释，当事人信任律师的代理方案，就委托律师启动行政诉讼，起诉当下负责林权登记的自然资源局。

【代理意见】

1. 被告将林权登记在第三人农业公司名下没有法律依据

根据原国家林业局 2000 年 12 月 31 日实施的《林木和林地权属登记管理办法》第八条第三项“林权权利人申请办理变更登记或者注销登记时，应当提交下列文件……（三）林权依法变更或者灭失的有关证明文件”的规定，本案第三人农业公司申请办理林权流转登记时向被告提交的《租赁山地经营使用权合同书》乙方是周甲、吴某、周乙，而不是与原告没有任何合同关系的第三人农业公司，该申请文件不符合法律规定，被告的林权登记行为没有法律依据。

2. 被告的林权登记行为违反了原国家林业局的文件规定

针对地方上个别林权登记机关审查不严，滥发证书，随意登记的情况，原国家林业局于 2007 年 2 月 8 日实施的《国家林业局关于进一步加强和规范林权登记发证管理工作的通知》（林资发〔2007〕33 号）第四条明确规定，“严格审查把关，确保林权登记合法有效……（二）……当事人申请林地承包经营权变更登记时，对于以下几种情形应当不予登记……2. 采取转包或出租方式对林地承包经营权进行流转，原承包关系不变，受转包方和承租方申请登记的……5. 不宜采取家庭承包方式的荒山、荒沟、荒丘、荒滩等农村林地发包给集体经济组织以外的单位或个人承包，若承包方不能提供该承包经本集体经济组织成员的村民会议三分之二以上成员或者三分之二以上村民代表的同意的证明文件和当地乡（镇）人民政府的批准文件，承包方申请登记的……”

本案中，第三人农业公司提交的《租赁山地经营使用权合同书》，其内容为林地“租赁”，被告是不能为其进行林权流转变更登记的。

根据第三人农业公司提交的《租赁山地经营使用权合同书》，乙方是吴某，而吴某不是老丁村小组村民，根据以上文件规定，第三人农业公司没有提交经本集体经济组织成员的村民会议三分之二以上成员或者三分之二以上村民代表的同意的证明文件和当地乡（镇）人民政府的批准文件，被告进行林权变更登记违反了上述文件规定。

3. 被告的林业登记行为程序违法

根据原国家林业局 2000 年 12 月 31 日实施的《林木和林地权属登记管理办法》第十条“登记机关对已经受理的登记申请，应当自受理之日起 10 个工作日内，在森林、林木和林地所在地进行公告。公告期为 30 天”的规定，被告没有履行公告程序，被告提供的《林地使用权登记公示表》既没有注明公告地点，也没有标明公告起始及结束时间，不能证明其履行了公告程序。

4.《租赁山地经营使用权合同书》已被生效判决确认无效，被告亦应撤销林权登记

《租赁山地经营使用权合同书》经一审、二审法院因违反了《村民委员会组织法》和《农村土地承包法》的强制性规定而被确认无效，林权流转登记丧失了依据，因此，被告亦应撤销林权登记。

5. 本案并未超过起诉期限

行政行为作出时，原告并不知情，被告并未告知原告起诉期限，直到 2018 年原告起诉被告确认合同无效纠纷诉讼，原告才知道涉案林权已不在原告名下，林权已变更登记到第三人农业公司名下，在此情形下，根据最高人民法院相关司法解释和最高人民法院有关行政裁定书，当事人从诉讼中知道行政行为违法的，知道的时间从该诉讼裁判生效之日起算。因此，原告起诉期限应从 2020 年 4 月 2 日原民事诉讼二审判决生效之日起算。

6. 原告的诉讼主体资格并不因民事判决而丧失

首先，如上所述，被告的登记行为确实存在根本性的实体错误和程序瑕疵，而实事求是，有错必纠是行政机关的一个基本行政准则。公民、法人或其他组织发现行政机关存在错误行为作为的，都有权提出要求改正。其次，民事判决认定第三人农业公司取得林权系善意取得，这本身就是一个错误认定，因为第三人农业公司是通过行政违法登记取得林权的，在林权登记时出现伪造他人签名的行为，这足以显示其取得非善意，完全是恶意。具体到本案，是因为被告的错误登记导致法院在民事诉讼中作出错误判决，在原告要求纠错维权的艰难诉讼中，法院应纵观民事和行政两个诉讼中出现的问题，同时考虑到被告有错在先，应本着解决

被告行政错误登记问题来判决，而不能简单地以某个细微小节来否定原告的诉讼主体资格，进而全盘驳回原告起诉。

综上，被告林业登记行为违反规定、程序违法，原告要求被告撤销林权流转登记于法有据、于理合情，理应得到支持。

【判决结果】

法院认为，本案涉案林权，在原告与第三人农业公司之间未发生直接林地流转关系的情况下，林业登记部门直接将原告与他人所签订的流转合同作为第三人农业公司林权登记的权利依据，明显违反法律规定，故就涉案林地所颁发的林权证，证据不足，事实不清，依法应予撤销。在法定上诉期内，被告方没有上诉。该判决生效后，老丁村小组根据该判决已把林权证重新登记在自己名下。

【案例评析】

本案涉及两个焦点问题：行政起诉的起诉时效问题与林权登记的法律依据问题。本案的林权登记发生在 2007 年，而本案在 2020 年 6 月才起诉。被告辩称原告起诉已过起诉时效。原告代理律师在研究法理的基础上，找到最高人民法院的一个司法判例，认为原告是在 2018 年起诉第三人等人租赁合同无效案件的诉讼中，才知道林权被登记至第三人农业公司名下的。根据该判例，当事人从诉讼中知道行政行为违法的，知道的时间从该诉讼裁判生效之日起算。因此，原告起诉期限应从 2019 年 11 月 11 日原民事诉讼二审判决生效之日起算。法院最终也是采信了代理律师的意见，认定原告的起诉期限应从原告就该林权纠纷提起民事诉讼，法院作出民事判决生效之日起算即 2019 年 11 月 11 日，至 2020 年 6 月 8 日原告向法院提起行政诉讼时，未超过法定起诉期限一年。关于林地流转登记的依据问题，原林地登记机关仅凭案外人与周甲、吴某、周乙三人签订的租赁合同就办理林权流转登记，将原属原告的林地流转登记至第三人农业公司名下，显属事实不清，证据不足，依法应予撤销。

【律师感悟】

本案这样直接判原告胜诉的确实不多见。这在一定程度上得益于近年来行政诉讼推行的异地审理制度，受诉法院与行政机关没有各种千丝万缕的关系。关于案件焦点问题，律师要自己多下功夫深入研究，不要光靠咨询别人来得出结论。原告代理律师曾就本案起诉时效问题进行深入研究，咨询过多位专业人士，他们给出的答案是过了起诉时效。代理人心有不甘，通过大海捞针般的搜索，终于找到一个不太为人所知的最高人民法院的司法判例：当事人从诉讼中才知道行政行为违法的，起诉时效从该诉讼裁判生效之日起算。这就直接驳倒了被告关于超过诉讼时效的抗辩意见。

第七章

晴耕雨读，诗意人生

第一节　做个有文化素养的律师

看了这个标题，很多律师也许会心生反感：律师绝大多数都拥有本科以上学历，怎么会没文化呢？我想要说的是，学历和文化并不是严丝合缝般一一对应的，也有个别高学历的律师在求学阶段心怀高远而淡定的价值观，手不释卷，孜孜以求。工作之后原有的儒雅气荡然无存，套用一句俗话来说就是浑身上下穷得只剩钱了。

律师的儒雅气、书卷气皆从读书而来，一个没有知识含量的律师很容易沦为法律匠人，只是把律师当成一种谋生手段，与木匠、篾匠、泥瓦匠无异。我这么说并不是看不起匠人，匠人的高超技艺与敬业精神一样值得我们敬佩，但作为从读书人的圈子走出来的律师，显然要高出匠人一个层次。只有肯读书的律师，才能更深层次地理解律师职业的本质内涵，才能涵养浩然之气，才能蓄积悲悯情怀，才能夯实原则定力，才能在心灵中有诗意、记忆中有历史、思考中有哲理。

如果只是为了挣钱，白天开庭、晚上应酬，无暇读书，虽然每天财源滚滚，日进斗金，也终究是个商人、匠人，本质上与练摊的个体户没有什么差别，无法提升自己的层次。那些真正在业界有影响的大牌律师，无一不是饱读诗书之人。他们不仅在日常交往中口吐莲花、妙语连珠，写起文章来也是行云流水、精彩纷呈。

如何提升律师的文化层次，做个有文化的律师？这个问题没有标准答案。发自肺腑地说，以下几方面真正是笔者抛砖引玉的肤浅之见，还望广大律师同仁共同参与探讨这一话题，见仁见智，各抒己见。

1. 读书、思考、写作

读书能提升一个人的品位，读书就是读者和作者做心灵对话。当你独处时，读书能愉悦性情，陶冶情操。一个人大量时间是要独处的，读书能让你在独处时不感到孤独；当你在高朋满座的场合，读书能使你口若悬河、妙语生花；当你在待人处事中，读书能使你练达人情、洞明世事。不读书的人虽然能处理细事或辨别枝节，然综观统筹、规划全局，则非喜欢读书、善于思考之人莫属。博览群书，皆有收获，英国著名启蒙主义思想家培根说得好：读史使人明智，读诗使人聪慧，演算使人精密，哲理使人深刻，伦理学使人有修养，逻辑修辞使人善辩。凡有所学，皆成性格。一个博览群书并善于思考的人知道我们从哪里来，要到哪里去；知道我们不单单活在当下，也活在历史和未来，如同生活在一条奔腾的大河里，知道河流的源头和最终流向的大海的方向。

读书之余把自己的所思所想诉诸文字，或著书立说，或在报纸杂志发表文章，或开博客或写短信，总之，现在写作并不是文人的专利，只要不偷懒，人人皆可写作，皆可发表自己的作品。现在发表作品的平台也多了，除传统的出版社、报纸杂志、广播电视外，还有互联网络、手机短信、微信朋友圈等自媒体。在现代传媒极端发达的信息时代，律师应当勤于动笔，以文字作载体来沟通思想，交流感情，发出自己的声音。写大部头的东西，对多数律师来说，可能不现实。毕竟律师不是靠写作谋生的，还有大量本职工作要做，没有太多的时间，此外，在写作能力上也存在不足。我们不妨从最简单也最切实可行的地方着手，比如开博客、发帖子、写短信、发朋友圈都是很好的写作方式。网络和手机没有门槛限制，也没有严格的形式要求，有话则长，无话则短，人人都可参与。我本人就是从写短信、微信入手进入公众视野的。

2. 发展一些有文化品位的业余爱好

如书法、绘画、朗诵、围棋、器乐、瑜伽等，这些爱好都能夯实律师的文化底蕴，提升律师的文化层次，培养律师的儒雅气质。

3. 参加一些公益活动

就社会热点问题，发出自己的声音，做出自己的行动，为社会的文明、进步尽自己的绵薄之力。律师作为法律专业人士，以维权为己任，比其他行业的公民更能感触社会热点问题，也更有能力反映群众的呼声，提出解决问题之道，理应比别人作出更大的贡献。

4. 培养自己的优秀价值观

通过自己言行举止等潜移默化的方式感染身边的人。律师作为文化人应当是一个有思想的人，当事人会对律师基于专业信赖之外多一份敬重。反过来，这种敬重又有助于促进律师的业务工作，增进与当事人的友好合作关系。在办理婚姻继承赡养等涉及亲情关系的案件中，这种效果更为明显。比如，律师本人是个亲情观念很强，重视家庭伦理，很有孝心的人，那他在说服当事人承担养老义务时，一定比那些亲情淡漠的律师更有力量。对此，我在办理一个替老人追索赡养费的法律援助案件时深有体会。一个风烛残年的老人，膝下有五个子女，可这五个子女在养老问题上互相扯皮，各自心里都有小九九，斤斤计较，生怕“吃亏”。我代理老人将五个子女告上法庭之后，与法官协商这种案件要力争调解，做通子女的工作。否则子女心里不痛快，就算判了，也难执行。在进行第三轮调解时，其他各被告都同意每月给母亲两百元赡养费，唯独老大认为父母给另两个儿子盖的院子比自己的大，只愿出一百元。其他子女显然不同意大哥搞特殊，如果不说服老大的话，调解将面临崩盘的危险。我了解到老大虽然对母亲不太好，但对儿子特别关心，尽管自身经济条件不好，还咬牙为两个儿子一人盖一套院子。找老大单独谈话时，我首先夸赞他的爱心，说中国的父母一辈子都为子女操心，为了子女的利益，在所不惜。接着，我又说要爱子女，也要爱父母，孝敬父母不要像到农贸市场买菜那样斤斤计较，无所谓吃亏占便宜，更多的是出自亲情伦理。能孝敬父母，是子女的一种福分，孝心是不能等待的，要是将来母亲走了，我们回想在母亲健在的时光没有尽孝，后悔都来不及了。我自己就有这种深深的遗憾，在我母亲病重时，我因在北京工作，没有及时赶回老家伺候老人，没有给她熬过一碗汤、端过一杯水，等我领着媳妇回去时，母亲已闭上眼睛。这种撕心裂肺般的遗憾永远都无法弥补。现在您还能伺候老母，确实使我羡慕不已。老人为子女操劳了一辈子，现在已来日无多，做子女的无论如何也要陪她走好人生的最后一程，别让老人带着深深的遗憾和对子女的无尽牵挂而离去。

这一番入情入理的话讲下去，老大感触颇深，当即表示同意调解方案。各方很快就达成调解书，有的甚至当庭拿出一定现金来表示执行调解之诚意。一年后我回访老人，并到老人所在的村委会了解情况时，得知老人对子女一年来的表现比较满意，能保证基本的生活开支，生病了子女也基本能及时过来照顾，或送医院治疗。老太太见人就夸我：黄律师真是个好心人，城里的文化人还能这么关心我这个乡下的老太太。我跟老太太说：“大妈，我也是乡下人，能给您老做点事，我也很开心啊！”大妈一听，更是笑得合不拢嘴。

5. 多留意各地风土人情、方言土语、名人轶事、历史典故等

懂得这些知识将有助于提升你的文化品位，彰显你的学识修养，更重要的是能拉近你与交谈对象的距离，产生意想不到的沟通效果。不信请看：

当年我在粤北山区的酒店打工时，有一天来了一群地质考察队的顾客，我问客从何处来，其中一名小伙子说是南大的，是南京大学地质系的教授带领一帮研究生来作地质调查。这名说话的研究生接着问我，你知道南大吗？我笑着回答：当然知道啊，只有南京大学才简称南大，天津的南开大学简称南开，贵校校长曲钦岳还是个著名的天文物理学家呢。研究生听我这么一说，立刻大眼瞪小眼，对我这个店小二刮目相看。我们随即就热乎地聊上了，临别时，他还给我留下通信地址，后来我们还有书信往来。在他研究生毕业后就没有音信了，不知这位昔日的朋友今天在哪儿高就？希望我有幸能让他看到这段文字，联系上我。其实当时我也就是前一年刚在《光明日报》上看过曲校长的一篇文章，记住了他，关键时刻派上了用场。这种平日看似无用的功夫，说不定在将来某个时刻就起作用了。

无论是法律知识还是各类知识，都要靠长久的积累。平时注意积累，关键时刻总能派上用场。我自己就很重视这种积累，而且在各种交往场合中屡屡奏效。跟湖南永州人接触，我能随口背诵柳宗元《捕蛇者说》的开头：“永州之野产异蛇，黑质而白章，触草木，尽死；以啮人，无御之者。”跟邯郸姑娘交往，看她优雅的举止，我半开玩笑地说，怪不得燕国少年到你们邯郸学步，原来你们邯郸人确实比别人走路好看啊！饭局上有个海归博士，当说起他是在长春地质学院读的本科时，我说李四光以前就是这个学院的，他大为感动：知道这个的人不多，尤其是文科生更是凤毛麟角。随后，他就把注意力转向我这边。有一次，我遇到一个记者，加微信时得知她的微信名有“潇潇”二字，我马上想到郑板桥的名句“衙斋卧听潇潇雨，疑是民间疾苦声”，并祝愿她多深入基层，常为底层百姓鼓与呼。她很是感慨，说自己就是从农村走出来的，一定不忘初心……所有这些知识，都在提升我的文化层次，彰显我的儒雅气质，使我能大言不惭地以文化人自居。

第二节　不可一日不读书

"登高望远不可无，不可一日不读书"这个宋代诗人苏泂在《次陆放翁韵》中的诗句，道尽了读书贵在坚持、习惯成自然的道理。对于律师而言，这诗句所包含的哲理更有现实意义。律师是T字形人才，中间一竖代表法律专业，须有坚实的法律知识，那是安身立命之本；上面一横代表法律专业以外的其他知识面，在法律专业知识相近的情况下，就看谁的其他知识面广。而无论是专业艰深的法律知识，还是其他社会知识，基本都要靠读书来获取。在这个日益更新，一切在求新求变的互联网时代，知识的更替比任何时候都快。如果赶不上知识的更新换代，很容易就被淘汰。更何况，法律作为一种社会行为规范，不可能一成不变，其本身就随着社会生活的发展变化不断地修改，老的法律在不停修改，新的法律如雨后春笋般层出不穷。作为一个律师，不去读书接受新的知识，单靠上学时赚下的那点本钱，很快会消耗殆尽，油尽灯枯。

律师是一个对专业知识储备有一定要求的行业，入行的学历起点一般就是本科。不管你做律师前干的是哪行，你必须达到本科学历，通过高难度、高淘汰率的法律职业资格考试才能拿到通往律师之路的入门券。可以说，律师就是从读书考试中胜出的佼佼者。拿到律师证之后是不是可以把书丢在一边、万事大吉、高枕无忧了呢？答案显然是否定的，做律师一辈子也离不开书！如上所述，读书是律师生存的需要，是立足本职工作的必要条件。如果不通过阅读去获取日益更新的法律知识，去适应知识爆炸、信息泛滥的互联网时代，只啃考试前的那些老本，律师根本无从安身立命。

此外，读书还有净化心灵，消烦去虑之功能，常读书能修心养性、愉悦身心、陶冶情操。国学大师杨绛说得好：一个人不快乐，是因为读书不多而想得太多。律师干的全是操心的活，时时尘虑萦心，处处烦恼相随，读书不仅让你获得智慧，掌握解决问题的一些办法，还能让你暂时避开“负能量产区”，找到与先贤心灵对话的宁静港湾。

打开一本好书，我们可以获取各种不曾懂得的知识，了解不同的见闻，甚至可以聆听智者的人生感悟。它能开阔人的眼界，给人以精神的动力与养料，使人心胸豁达，目光高远，成为一个丰富的人。人与人最大的差距，不是来自家庭，不是来自财富，而是来自每人读书和实践的不同所形成的不同的视野和格局。

在我们这个瞬息万变的互联网时代，似乎一切都在求新求变，但总有一些恒久的价值值得追求与坚守，这些价值往往在书本中特别在经典书籍中才能找到。一个爱读书的人，不仅生活在当下，还生活在昨天与明天，懂得历史，预判未来，生活就因此变得丰盈而充实。什么时候都不要放弃读书。用书给心插上翅膀，为灵魂找到诗意的栖息地。律师不只有名利和纷扰，还有诗和远方。

上面说了律师读书的重要性，现在面临一个现实问题：律师工作那么忙，哪有时间读书？这其实是一个似是而非的命题。鲁迅先生有句话说得好，“时间就像海绵里的水，只要挤，总是会有的”。除了退休人员，谁不忙呢？谁也不要把自己的重要性提升到无以复加的地步，地球离了谁都照样转。事实上，只要你是个爱读书的人，走到哪里都可以读。

怎样结合律师的工作特点，抓紧时间阅读？律师一般工作都很忙，经常出差。不出差时也不是总待在办公室，不时外出谈案、开庭、调查取证，很难有整块时间用来读书。因此要多利用零碎时间，化零为整进行阅读。古今名人总结的读书方法很多。我觉得最最适合律师阅读的是欧阳修的“三上读书法”和董遇的“三余读书法”。这两种方法劝告人们读书要善于利用零星时间，做到时时可读书、处处能读书，使读书完全生活化。杭州外卖小哥雷海为在央视中国诗词大会第三季中能击败北大硕士，拿下冠军，全在于平时利用零星时间读书。在电动车充电时、等待取件时，他都不忘打开书来看看，抓紧利用片刻富余的零碎时间来读诗词。身处困顿和底层，仍不忘抬头看柳梢的月，檐角的星。主持人董卿当场赞扬他说：“你在读书上花的任何时间，都会在某一时刻给你回报。”

所谓“三上”就是指马上、枕上、厕上，律师的“马上”可引申为在一切适合阅读的交通工具上，最理想的当然是在火车或飞机上（汽车较颠簸、光线也不好，为保护视力，不建议在汽车上阅读）。所谓“三余”，是指“冬者，岁之余也；

夜者，日之余也；雨者，月之余也”。就是充分利用一切零星时间来读书。具体做法就是，随身携带一本书，利用茶余饭后、等人、等车、坐公交、地铁、散步以及出差途中的飞机上、火车上、轮船上等零星时间来读，以下几个方面是我抓紧时间读书的经验之谈：

1. 没有案子时、多读点书，像归隐田园的士人一样，晴耕雨读。农闲时节、下雨时节不用下地干活了，泡上一杯香茶，打开油墨飘香的书本，临窗倚读，走进古今贤哲的心灵，与他们进行远隔时空的对话，汲取他们的智慧，为我所用。

2. 古人的“三上”读书法对律师尤其管用。所谓“三上”读书法是指利用在马上、厕上、枕上的时间读书。[①] 古代士人在交通不便、鞍马劳顿之际还能不忘读书，那律师的“马上”在哪？就在出差途中的飞机上、火车上，这是律师所有的相对整块的时间，是读书的大好时光。在旅途中看书，还能解闷，感觉时间过得飞快。即使在飞机晚点、火车迟发的情况下，你也不会像其他乘客那样着急，因为你手中有书，一点也不会感到无聊。只要出差三五天，我就能看完一本书。出差看书的优势是，一来在出差旅途中有大量时间，不仅在飞机、火车上有大量时间，在候机、候车时也有大把时间，浪费了可惜。再则，出差在外，一般晚上没什么事，同时到外地也节省了上下班时间，这些都可用来读书。厕所阅读，也是一大乐趣，在最私密、最个人化的空间里，带上一本书看个五分钟、十分钟的，日积月累，也能读不少书。睡前阅读是最为惬意的事，枕边放一本书，在你最想放松自己的时刻，读个一两刻钟，用书香把你带入梦乡，世间最美妙的事情莫过于此！路上、公交车上、地铁里、吃饭时、睡觉前甚至在厕所里都可以阅读。阅读不仅仅限于读书，看报纸、看杂志都可以，只不过那些不是最好的阅读方式。最好的阅读方式还是读书，书的知识比较系统而且更有深度。

3. 节假日，别老光顾饭店、酒吧，抽点时间读些有意义的书。律师开拓案源，需要广交朋友，难免会有不少应酬，遇上节假日邀上几个朋友喝上几盅，再正常不过了。问题是，有的律师朋友沉溺其中而不能自拔，没有案子、还没上路的时候借酒浇愁；有了些案子、刚刚上路、乍富还贫的时候胡吃海喝，开怀畅饮；案

---

① 参见《爱上读书：并不神秘的独家“秘笈”》，载人民网，http://edu.people.com.cn/n/2012/0709/c1053-18473811.html，最后访问时间：2022 年 7 月 14 日。

源不断财源滚滚之时更是沉溺在山珍海味、酒池肉林之中，把书本完全抛在脑后。只会挣钱，没有思想、没有内涵的律师，纵然是挣得盆满钵满，也是富而不贵。律师的“贵”不光是体现在当个人大代表、政协委员或兼职教授之类的头衔上，更重要的是有自己的精神内涵，有自己的独立思考，发出自己的声音。心灵中有诗意，记忆中有历史，思考中有管理，交往中有礼仪，这些才是律师的内涵所在！而这些都离不开读书，只有经常读书思考的律师，才能有诗意般的心灵，有自己的思想，有自己的判断，有自己的独立人格。

读书和工作都会占据时间，两者看似矛盾，但也有相辅相成的一面。博览群书，视野开阔有利于工作的开展；反过来，工作中遇到许多问题，需要查找书本方能解决，又能促进律师的阅读。读书要思考，不思考的读书是死读书，容易把人读死——这当然不是说死读书会有生命危险，而是说光读书不思考容易变成不开窍的书呆子、死脑筋。孔子的名言“学而不思则罔”，就是说只学习不思考容易迷惑。

具体到怎么读书，我这有几点心得体会可与读者诸君分享：（1）拿到一本书先看前言和目录，以便确定是否值得自己去读，哪些章节是要仔细阅读，哪些是可以一带而过的。只有这样，才能节约时间，提高阅读效率。（2）读书时随手拿一支笔，对于有感悟体会或者值得与其他人分享或者日后能作为重要资料来用的地方做好标注，你在画线标注时，也进一步加深了对这一内容的理解和记忆，当然能做读书笔记是最好的。但现在大家的生活节奏加快了，网上查找资料又很便捷，要求每读一本书都做笔记也不现实，而用笔去做标注圈点则是简易可行的。（3）读完一本书或者在读书过程中，要学会与别人分享、了解其他人对这本书的看法，在交流中可以拓宽视野，甚至可以碰撞出智慧的火花。交流的方法很简单，将你标注圈点的书页拍照发朋友圈，或者把你自己对阅读的感悟体会诉诸文字，发给朋友。如果有三五个志趣相投的亲朋好友对同一本书感兴趣，那就更有意思了。三三两两或相约于茶艺馆，或聚集于咖啡厅，临轩听雨，品茶聊书，那是一件多么惬意的事啊。（4）读书贵在坚持，要形成一种习惯，变成一种基本的生活方式，要让读书自然成为像吃饭睡觉那样每天必不可少的事情，要养成一天不读书浑身就不自在甚至是半夜醒来找书读的内心境界。（5）要充分利用零碎时间阅读。具体如何利用零碎时间阅读，下文还会专门谈到。（6）要养成边读边思考的习惯，如果只是消遣性地阅读，除了打发时间，别无其他益处。唯有阅读中思考或者思考中阅读，才能与作者进行对话，走进作者的心灵深处。

关于阅读问题，我最后再特别强调一点，律师要多读一些心理学方面的书，拓展心理学知识，进而深入掌握各种人的心理，将有助于工作开展。了解己方当事人的心理，有利于提高你谈案的成功率，有利于你们今后的顺利合作；了解对方当事人的心理，有利于制定切实有效的诉讼策略；了解法官的心理，从法官的角度去思考问题，才能赢得案件的最佳结局。例如，大多数法官庭审时因时间关系，对律师缺乏耐心，不太喜欢律师长篇大论，律师针对法官的这种心理，就得旗帜鲜明、简明扼要地表达自己的观点。否则，可能连一个观点都没说完就被法官打断好几次，弄得你最后无法完整地表达你的全部观点。直击主题，言简意赅就是符合法官快速办案心理的最佳发言。从功利角度看，阅读心理学方面的书籍是有利于律师工作的。

第三节　律师要读哪些书

既然读书这么重要，读者诸君肯定会问，初入行的律师具体要读哪些书为好？能不能开一张书单？说实在的，这个问题看似简单，却不容易回答。我只能根据自己读过的书（自己没有读过的书我也断然不敢推荐），推荐若干书目，难免以偏概全，窥一斑而不能见全豹。

进入实务领域，首先当然要看一些与律师实务相关的书。我所看过的这类书中，觉得比较好的有：《远见——不专属于律师的252条箴言》（张勇著，机械工业出版社）、《律师的思维与技能》（刘瑛著，法律出版社）、《境界：律师策划》（程根球著，法律出版社）、《刑事辩护技能与技巧培训学习指南》（顾永忠主编，法律出版社）、《找到辩点》（罗力彦著，法律出版社）、《刑事辩护的中国经验》（田文昌、陈瑞华著，北京大学出版社）、《刑事辩护的理念》（陈瑞华著，北京大学出版社）。下面逐一简介一下这些书。

《远见》是中国政法大学张勇教授写的书，虽然其副标题是“不专属于律师的252条箴言”，实际上就是以律师为对象写的252条箴言。这是作者从事法学教育和以兼职律师身份执业数年的思考心得和经验总结。这些箴言既有对律师业形而上的思考，也有具体的律师技能、方法的介绍。本书的主旨在于强调律师技能、倡导律师文化、提高律师品位、改善律师心态。尤其在倡导律师文化、提高律师品位方面，很少有其他书超出其上，颇值得律师阅读。

《律师的思维与技能》是刘瑛律师总结二十余年从业经验写成的著作。本书从律师的思维方式讲到律师的执业意识，从律师的业务开拓与维系说到律师“听”“说”“读”“写”四项基本技能，从律师技能在诉讼中的运用说到在咨询、谈判、尽职调查、制作、修改合同、书写法律意见书、律师函等非诉业务中的运用。内容翔实，深入浅出，有较高的实用价值。

《境界：律师策划》的作者是广东律师程根球，他从律师的创造性思维去阐述律师策划问题，认为律师代理案件必须有好的策划思路，律师策划是律师业的最高境界。作为一名称职的律师，不仅要谙熟法律、吃透案情、明悉技巧、富有经验，还要善于以创造性思维解决问题。本书通过翔实的案例、精彩的分析、到位的归纳，对律师策划进行全方位的解剖，值得律师读者一读。

下面要介绍的是刑事辩护方面的专业书籍。《刑事辩护技能与技巧培训学习指南》是由中华全国律师协会刑事业务委员会组织编写的，著名刑辩专家、中国政法大学教授顾永忠先生担纲主编，其权威性、专业性、实用性毋庸置疑。本书以专题讲座的形式，邀请刑辩大咖田文昌、陈瑞华、钱列阳、李贵方、顾永忠等，对刑事辩护的前沿问题：如何接待客户，如何会见犯罪嫌疑人、被告人，如何阅卷取证，如何质证提问，如何举证辩论等具体的刑事辩护具体业务作了详尽的介绍。后面还有若干刑事辩护的典型案例。如果你想做一名刑辩律师，此书非看不可。

《找到辩点》是著名女性刑辩律师罗力彦奉献给读者的 23 个辩护攻略。全书分五篇，从庭审策略和技巧谈到审查证据与调查取证，从职业素养说到职业风险，最后以律师的职业感悟收尾。都是以她所承办的 23 个案件为实例娓娓道来，告诉你如何找到辩点，进行有效辩护。

《刑事辩护的中国经验》是刑辩大咖田文昌与陈瑞华就刑事辩护的类型、辩护思路的形成、一审二审和死刑复核各个阶段的刑辩活动、刑事辩护的风险防范、刑事辩护的新空间、新挑战等问题所进行的华山论剑、英雄煮酒式的巅峰对话。这种对话对刑事辩护的中国经验进行一次系统的总结和整理。作者力图证明，在刑事辩护中，律师与其怨天尤人，倒不如认真研究刑事辩护的经验和技巧，力求挖出每个案件的辩点，争取在辩护工作中做到不留遗憾。这种理念是完全值得在律师中普及的。

《刑事辩护的理念》是陈瑞华教授的又一刑辩力作。本书力图把刑事辩护的具体经验上升为一般理念，从中国刑事辩护的经验事实中提炼出理论命题。本书分十三章，主要讲了刑事辩护的理论挑战，刑事辩护的基本形态，独立辩护人理论，有效辩护理论，辩护律师的忠诚义务，刑事辩护的量刑辩护，程序性辩护，庭前程序中辩护权的救济问题，被告人的自主辩护权、阅卷权，辩护律师调查取证的三种模式，辩护权影响裁判权的三种模式。本书对律师业形而上的思考能提升律师的理论素养，让律师对自身职业有更为深刻的认识，有更宏观的视野和格局。

当然，如果你的兴趣不在刑事辩护方面，那你就要看与自己专业领域相关的法律实务书籍，这是你与其他律师相区分的一个基本标志。此类专业书要看五本以上，有的还要放置案头，反复阅读。所谓好书不厌百遍读。

成为一个专业律师，除了跟师傅学和自身业务实践中的摸爬滚打之外，另一个有效途径就是多看相关司法实务方面的书。如你第一次办交通事故方面的案子，作为受害者的律师，你可能连基本的赔偿项目都说不全，也不知道诸如残疾赔偿金、被抚养人生活费如何计算，问其他律师也可能没有做过这类案件。这时最好的办法就是找些专业书籍来看，现在各种类型的司法实务书籍应有尽有，这些都是这方面的成功律师的经验之谈，具有很强的针对性，能直接解决你办案中遇到的绝大多数问题。这方面的书有的侧重经验介绍实务操作，有的侧重文件资料汇总，有的侧重在经验基础上的理论提升，一般都能直接派上用场。成为一个专业律师的一个重要前提是，广泛而深入地把这一专业领域的相关书籍读个透。

此外，还要大量阅读其他类型的书籍，如文学、历史、社会、科普等各类著作，尤其是那些历经不同时代仍被奉为经典的名著，以丰富你的内涵，夯实你的文化底蕴。这里我要特别推荐读者看《道德经》《论语》《史记》《孙子兵法》《古文观止》《红楼梦》《三国演义》《水浒传》，还有唐宋诗词鉴赏方面的书籍。

带着法律思维去阅读古典名著，有时候你会发现很有意思的问题。比如，阅读《水浒传》，看到林冲因被高俅陷害误入白虎堂，身陷囹圄时，年轻人一定会义愤填膺。如果学了法律，你可以想象在法治社会如果发生这样的事情，林冲是可以得到法律救济的。作为犯罪嫌疑人，林冲有权聘请律师，律师会见后，可以根据林冲的陈述找到那个神秘的卖刀人，或者向警方提出林冲可能无罪的律师意见，要求变更强制措施，对其适用取保候审，待将来法院庭审时为其作无罪辩护。武大死后，其房产如何继承？武大后死，本来作为妻子的潘金莲是可以继承丈夫的遗产的，但因其谋害亲夫（被继承人），丧失继承资格，武大的遗产只能转为第二顺序继承人武松来继承，武松虽然是刑事被告人，但他杀的是西门庆和潘金莲，不是被继承人，其民事权利不能被剥夺。如果武松被判死刑，其所继承的财产和自己的其他遗产，除赔偿被害人家属的民事损失外，其余将收归大宋王朝所有。其实里面还有很多有趣的法律问题，只要你脑子里有法律这根弦，到哪儿都能弹出动听的法律乐章来。

不仅长篇著作能引发人的法律思考，就是简短的一个诗句也可能蕴含着某些法律问题。比如，宋代叶绍翁《游园不值》中的名句“春色满园关不住，一枝红杏出墙来”，其中红杏出墙至少包含两个法律问题：从相邻关系看，红杏出墙可能影响邻居的通风或采光，甚至影响他人通行，邻居可以打排除妨害，停止侵权的官司。从婚姻法的角度思考，把女人出轨比喻为红杏出墙，这就涉及配偶权以及夫妻双方对婚姻的忠诚义务问题。再如，赵师秀《约客》中的后两句“有约不来过夜半，闲敲棋子落灯花”也可以从法律层面进行解读：友人临时有事，有约不来，实际上是一种违约行为。鉴于当时的通信条件，无法及时通知对方。主人作为守约方为了不扩大客人违约造成的损失，拿起围棋来摆弄，以消磨等待的时间。唐代孟浩然《过故人庄》的前两句“故人具鸡黍，邀我至田家”是朋友对诗人发出的要约，最后两句“待到重阳日，还来就菊花”可看作诗人对未来重逢的承诺。白居易的《卖炭翁》最后两句“一车炭，千余斤，宫使驱将惜不得。半匹红绡一丈绫，系向牛头充炭直”，反映的是封建社会政府采购中的不平等和对百姓权益的掠夺。

用法律的思维来看待文学问题，做一些趣味解读，不失为一件有趣的事儿。就实际情况而言，文学和法律也往往是相互影响的。19 世纪法国大作家司汤达喜欢法律，反复研读《拿破仑法典》，其中法典条款的严谨表述深深影响到他对小说《红与黑》的创作，小说遣词造句的精准性无不得益于《拿破仑法典》的影响。

第四节 腹有诗书气自华

有了坚实的文化底蕴，你的层次就提升了，内涵就厚重了，作为文化人的儒雅气质也就自然表现出来了，正所谓“腹有诗书气自华”。用诗书装点心灵，律师是个靠知识吃饭，运用法律知识和技能为当事人解决问题的人，更应该是个有知识的人。英国哲学家培根说“知识就是力量”，这句名言对律师而言尤其重要。知识的力量是其他力量无可比拟的。我自己就多次将读书得来的文化力量运用到工作、生活中。下面讲的几个故事似有显耀之嫌，但我还是愿意冒着挨骂的风险讲出来，并保证这些故事都是真实的。

记得在孩子八岁那年，带她去一个乐器培训班学古筝。在演示课上，老师演示一个食指向里弹弦的动作，说这是指法“抹”，我马上想起白居易《琵琶行》中的一句“轻拢慢捻抹复挑”，跟老师说这句中的抹就是您说的这个动作吧。老师很惊讶我反应这么快，说就是这个动作，还有个与此相对应的动作“挑”，就是食指向外弹弦。因孩子对古筝并不感兴趣，看了一节演示课就没再学了。但是我的文化底蕴给这个老师留下了深刻的印象，此后她不仅自己向我咨询过法律问题，还把有法律服务需求的亲戚朋友介绍给我。

曾有个古玩店的老板来咨询我，我看到他递过来的名片上写着店名：清漪斋，就随口吟出《诗经·伐檀》中的名句：“河水清且涟猗”，并且猜中清漪斋的名字就是从这来的。老板好像找到知音似的，很激动地握住我的手说，你真是个有文化的律师，一点没错，我这店名就是出自《诗经》。

出差是律师的常规工作，刚出道的年轻律师比较爱出差，但是随着年岁稍长，律师大都不堪旅途疲劳，视出差为畏途，把它当成苦差事。可是当你带着诗意出差时，你会觉得旅途的疲劳不值一提。2005 年初冬，我去河北一个中院开庭。彼时法院新址刚搬迁不久，周边一片荒凉。我和另一个律师一大早赶到，法院还没开门，我们找不到歇脚的地方，只好背着装有厚厚案卷的书包，在法院侧边的黄泥树林里等候，不胜尴尬。这时我就想起白居易笔下进城卖炭的老汉来了，一句“牛困人饥日已高，市南门外泥中歇”放在我们身上也是如此贴切。当我吟出《卖炭翁》这句时，两人相视一笑，顿觉轻松些许。2017 年出差到衡阳，从机场坐上出租车后，蓦然回首，发现机场的造型与大雁极为相似。马上想起范仲淹的名句“塞下秋来风景异，衡阳雁去无留意”，觉得衡阳一定与大雁有某种机缘巧合。一问的哥，得知衡阳果然有“雁城”之称。上网一搜，原来衡阳位于湖南省中南部，地处蜿蜒千里的湘江中游、五岳独秀的南岳衡山之南，相传“北雁南飞，至此歇翅停回”，故又雅称“雁城”。到了酒店，看见装饰的墙纸都是大雁的图案，活脱脱的一座雁城啊。

曾有个拥有名校硕士学位的中关村白领（某公司人力资源部经理），因对律师比较挑剔，涉及诉讼代理问题，咨询过几个律师都无果。一个偶然的机会找到我，互递名片之后，我就猜出她是夏天出生的。她惊讶地问我怎么知道的，我告诉她是从她的名字中读出的信息：其名菡婷之“菡”为“菡萏”之“菡”，“菡萏”就是荷花的意思。接着我还随口吟出唐中主李璟《山花子》中的两句：“菡萏香销翠叶残，西风愁起绿波间。”代理案件结案后，我问她为什么委托我代理，她说有文化的律师一般都是比较有情怀、有责任心的，委托这样的律师来代理，比较让人放心。类似这样的例子还有不少，有个研究《楚辞》的大学教授，在委托我办案的过程中跟我聊起屈原来。我说屈原是我国历史上第一个个体诗人，之前虽有煌煌巨著《诗经》问世，却不见诗人踪影。如果说《诗经》是北方平原小合唱的话，那《楚辞》就是南方个体诗人的悬崖独吟曲。这位教授对我近乎专业的理解特别惊讶，继而在进一步的交谈中又觉得我不只是一星半点地喜欢文学，而是一种发自内心的热爱，建议我报考中文专业研究生。经历数次考研失败的我，早已无心恋战，只好把对文学的无限热爱贯穿于生活和工作中，努力追寻德国 19 世纪浪漫派诗人荷尔德林“诗意地栖居”的境界！

第八章

与时俱进，感恩时代

第一节　关键时刻掉链子，能修补吗

写到这里，我想比较系统地讲讲自己的成长故事了。这些故事都将围绕律师是如何炼成的这个主题展开，虽然在前面的叙述中也穿插一些故事，但只是零星的插曲。以“痛说革命家史”的方式讲自己的故事不是为了博得同情的眼泪，也不是在显示自己克服艰难险阻的意志和勇气，而是为了让诸君对律师的从业经历有个详细的了解，以进一步坚定已经开启或即将开启的律师职业旅程之信念。

本人的律师从业之路充满艰辛与坎坷，现在回想起来，觉得除了自身天资愚笨、反应迟钝之外（我多次自嘲是慢热的铁锅，不像微波炉那样热得快，但能热得持久），还有一个很重要的原因就是起点低，底子薄。有人说律师是个精英行业，对从业者的综合素质要求很高，我当初入职的一家律师事务所的主任就持有这样的观点。应该说，这种观点并非空穴来风，确有一定道理。而我这个起点和家底，乃是因为我出身贫穷，并且在有可能改变命运的高考中失败了，用一句话来说就是关键时刻掉链子。

这个链子一掉，可就麻烦大了。首先我不能像那些考上大学的同学那样接受正规而系统的高等教育，更谈不上分配工作问题。高中毕业是不会有人给你安排工作的，那就只能自己去找了，先得解决生存问题啊。仰赖一个乡下中学校长的信任，我谋得了该校一个代课老师的职位，虽然只有两位数的工资，但生存问题是基本解决了。工资虽低，但我的工作热情却一点都不低，因为这正是我喜欢的工作。校长极信任我，让我担任初三毕业班的语文老师。我首先对自己要求严格，规定要背诵的课文，一定是自己先背诵，而且是当场背诵给学生听。写作文也是学生写一篇，自己也写一篇，然后在作文讲解时，把自己写的“范文”也念一遍，让学生自由评议。“蓬生麻中，不扶自直”，老师以身作则，学生自然不敢懈怠，读书风气为之一变。一年下来，收获颇丰。我班的语文平均分高出全县平均分十二分之多，学校两个毕业班的语文成绩也因我班的高分而荣膺全县榜首，作文最高分出自我班的一个女生，现在这个女生是我们省报的一个著名记者了。如果是体制内的老师，有如此不俗的成绩，肯定要评个先进，给予重奖。

我当时的境况就像路遥小说《人生》中的高加林，失去了代课老师的位置，回到村里做了个地地道道的农民。说地道，那是从身份方面去说的，从干农活的角度看，那些赶牛犁地之类的男性农民必须掌握的技术活，我一个也不会，我还特别恐惧头顶上那毒辣辣的太阳，那四射的光芒简直要把人的脑袋都炸了。眼看村里一些年轻人下广东打工赚回了真金白银，我也蠢蠢欲动了。打起行囊，赶上浩浩荡荡的出村打工队伍，竟然有一种如释重负的感觉。

理想很丰满，现实很骨感，在珠江三角地带潇洒走一回，被老板们一次次拒之门外，在茫茫人海、人满为患的城市，想哭都找不到地方。都说外面的世界很精彩，外面的世界很无奈，出门在外的人总是要有勇气战胜种种无奈的。几经辗转，阴差阳错地被粤北山区的一个酒店老板收留，成了一个名副其实的店小二。从此我与这个酒店结下了不解之缘，一干就是四年，从厨房杂工、服务生一直干到主管（按标准行话来说就是中层经理了，个体店没有特别明显的划分）。四年的酒店打工生涯中，有两件事给我留下终生难忘的印记，并给我后来的律师职业作了铺垫。

一个是当时的酒店老板是个学历不高却非常勤于学习的人，肚子里的墨水不比文化人少。这点深深地影响了我。老板学习法律，店里订了一份法律类报纸，我也逐渐走向了学法之路。每天下午三点到四点半，是酒店较为空闲的时间，也是邮递员送报的时间。当别人在睡觉或打牌的时候，我就捧起了这份报纸，几乎把报上的每篇报道和文章都读完，甚至有时连广告也不放过。我后来上北京读中国政法大学的自考辅导班，就是从这份报纸上看到的广告。老板看到我如此好学，就用一句客家话鼓励我：小黄啊，我看你是火烧狗窝——还有出虱！（客家话中“出虱”与“出息”同音）我在上学时的课堂反应比别人快，一年通过大专十三门课程，还一次性通过难度与含金量极高的律师资格考试，无不与打工期间攒下的法律功底有关。

另一个给我留下深刻印象的是，服务员的辞退事件。在我当上主管以后，与原来的同事关系发生了微妙的变化。本来大家都是服务员，突然我成了他们的“顶头上司”，自然是有人不服气的。有一天，有个资格比我还老的服务员在端菜时，不小心把菜汤溅到新换的工服袖口上，她只用纸巾稍微擦拭一下就继续穿着。我觉得这会影响酒店形象，让她把衣服换一下。她一方面觉得麻烦，另一方面也认为我小题大做，愣是不听我的。我再三规劝，她依然我行我素，并且撺掇其他服务员一起对付我。老板权衡利弊后，最终决定把她辞退。当她哭着收拾东西准备离开时，酒店大堂的背景音乐正播送赵传的歌曲《我是一只小小鸟》，其中最后一句歌词特别触动我的心灵："当我尝尽人情冷暖，当你决定为了你的理想燃烧，生活的压力与生命的尊严，哪一个重要？"本来我与那个服务员都是同一个战壕的战友，现在为了各自的利益竟然大动干戈，自相残杀，你说生活的压力和生命的尊严哪个重要？

这个事件的最后结果看似我赢了，但我心里总不是滋味。想着今天我能请示老板把别人辞了，可是将来某一天，兴许别人或老板自己也会把我开了。这种朝不保夕、缺乏尊严的打工生活终究不是长远之计。总得学一技之长，以作安身立命之本。有道是家财万贯不如薄技在身，为了学得一技之长，也为了弥补高考落榜的遗憾，从报上看到中国政法大学的自考辅导班招生广告后，我几乎没有什么犹豫就踏上了进京求学之路。从南下打工否定在家务农，到北上求学否定蓝领打工，这是否定之否定，也是一种螺旋式的进步。当然后一种否定仅仅是一种理论假设，成功或失败，全看在北京怎么混了。

有了这样的压力和动力，在北京上学就有使不完的劲儿。应该说，我的自考和律师资格考试的路子还是走得很顺的。一年高分通过法律自考专科课程，拿到大专文凭。时隔三个月，再传捷报，律师资格考试也一次性通过了。在这大好形势鼓舞下，我开始向更高目标——考研挺进，期待以考研成功来摘掉自考生的帽子，同时一雪高考失败之耻。可是造化弄人，研究生好像是横亘在我面前的一座巍巍高山，任凭我怎样努力使劲，怎样上下求索，怎样熬过三更灯火、五更鸡鸣的不眠之夜，怎样屡败屡试，就是迈不过这道坎儿。

无奈之下，早已是山穷水尽的我，不得不考虑眼前的生存问题了。虽然有一纸律师资格证在手，但是要把证书换成真金白银，还真不容易。北京是一个自然资源比较匮乏的城市，但是唯独不缺人才。一片树叶落下，随便一飘，就可能砸到一个博士头上。对于一个连基本的电脑操作都不会的自考生来说，想要在人才济济的京城律所谋得一席之位，谈何容易。住在手机信号弱，不通网线（当时无线 Wi-Fi 只有一些特定的场所才有）的地下室，每天出门求职带上一摞简历，回家时带回来的是失望和茫然。找工作找得眼珠子都发绿了，回到地下室对着四扇墙壁和晾毛巾的铁丝发呆。有一天洗衣服时，房东老太嫌我洗得多费水（房租已包含水费），用标准的北京话说了一句："哎哟，没少洗啊！"我当时听着觉得别扭。"没少洗"仅仅三个字实际包含双重否定在里面，更加肯定了我多洗衣服让她多缴水费了。就为多洗两件衣服受到指责，实在让人不爽，但人在矮檐下，不得不低头。那时最激励我的一句话是，宁可在外面碰壁，也不要在家里面壁。走出去，哪怕碰个头破血流，也比待在屋里强。这是外地人最需要的一种闯劲，没有这股子劲头，你将无法在北京立足。

自己也记不清投了多少简历，经历多少回面试了。总之有一天机会来了，一家刚成立的律师事务所的行政主管给我打来电话，通知我去上班。我当时的心情就像杜甫晚年闻官军收复叛军失地那样高兴："漫卷诗书喜欲狂"，赶紧收拾书本去上班。

眼看做律师的理想之梦就要变成现实了，但是这梦想实现起来容易吗？我不知道别人如何，在我身上却是非常不易。由于之前没有参加过像正规学校那样安排的见习、实习之类的活动，我对法律实务，尤其是律师实务完全陌生，一片茫然。拿到当事人的一堆材料，无从下手。写作本来是自己的强项，但连写一份最简单的起诉状也被老板多处修改，批得体无完肤，一无是处。至于接待当事人、分析案情、立案查询、联系法官等技术含量更高的工作，更是力不从心，难以应对。老板也没有耐心来解决我的慢热问题，他需要的是召之即来，来之能战的雇员。不到两个月我就被辞退了，晃晃悠悠地在外面辗转多家律师事务所，都没有混出名堂来。虽然 2003 年 5 月就拿到了律师执业证，但是直到次年 3 月，我才找到一家真正能让我练手的律师事务所。这是一家只有五名律师的小所，除了主任，其他律师都是挂靠的，没有什么案子。主任在晚报上做广告，接的都是老百姓那些鸡零狗碎的小案子，收费也很便宜，一般也就两三千元。案件虽小，但是足以让我锻炼了。因为从法律关系看，案件无大小，有些小案子所包含的法律关系比大案子还复杂。很多律师都有这样的经验，越是小的案子，办起来越棘手。经过这样的操练，总算把做律师的基本门道摸清楚了。接下来要解决的是从工薪律师向提成律师过渡，其中的首要问题是如何寻找当事人，解决案源问题。

第二节　青山遮不住，毕竟东流去

案源是律师生存的基础，会做案子了，就得寻找你的客户，才能逐步发展起来，否则你只能给别人打工，挣点死工资。在加盟一家新的律师事务所之后，我找到了一种当时适合自己的从工薪律师到提成律师的过渡方式：所里通过宣传推广提供案源信息，由律师代表所里去跟当事人谈案，谈成了律师提谈案费，如果亲自代理案件的话，再加办案费。这种无底薪的合作方式与工薪律师比较起来，是没有保障的。但是如果运气好，或者你多努力，愿意多出去跑，收入要比工薪律师强。总的来说，这一年下来，在收入上超过了工薪律师，更大的收获是学会了谈案技巧，学会了如何与当事人融洽相处，形成了律师的自我营销意识和当事人意识。而且感觉到案子一开始就是你去谈的，将来办理案件时当事人对你的信任将逐步加深，把案件办好了，以后就是你的忠实客户了。

找到这种感觉不容易，这就意味着自己可以独当一面，有了从案件谈判到案件代理的整套经验。循着这种思路，终于找到了做律师的自信，也看到了提成律师的希望所在。次年开春，我就开始完全放弃对所里案源的依赖，独立自主地开展自己的业务。

当时与我一同起步的还有几个要好的哥们儿，其中一位是我一直追赶的楷模。只不过追到现在，我还是追不上，但是在互相追赶的过程中体会到的是双方都在不断进步。我曾半调侃地跟别人说起我们俩的故事：从装备上看，当我满世界在找公用电话时，他的腰间已挎上个“黑匣子”。他说这玩意儿不错，能让当事人随时随地找到他。后来我也装上这个叫作 BP 机的玩意儿，但他已换上大哥大了。等我也有钱买大哥大的时候，大哥大已变成大众通信工具，改名叫作手机了，这时他已着手买一辆二手车了。当我准备买车时，他竟开始筹划买房的首付款了。从办理案件情况来看，当我还在派出所法庭门口的早点摊上吃油条时，他已啃上麦当劳的汉堡；当我迈进中级人民法院的大门时，他已在斯德哥尔摩国际仲裁院雄辩滔滔了。虽然我经常面对面地看着他，但实际在事业上，我只能望其项背。如此带调侃式的故事，虽然我总是落后一方，但我也在伙伴召唤下同样地不断进步。

我始终认为，大富大贵需要机缘巧合，在一定程度上说是命中注定的，但是身处北京这样充满机会的大都市，只要你不犯懒，通过自身的努力来改变命运，过上更好的生活，是每一个人都能做到的。当年我身居地下室时，我无法想象将来某一天在宽敞明亮的高楼上能点亮一盏属于自己的灯火；当我骑着一辆除了铃不响哪都响的自行车穿行在大街小巷时，我也想不到有朝一日能开上自己的轿车；当我在台下聆听别人的讲座时，更无法想象我会以法律专家身份坐在央视演播厅点评案例；当我写的起诉状被老板改得面目皆非时，又怎能想到我能出版法律实务的书来给读者提供参考……说这些绝无炫耀之意，我无非是要给那些还在苦苦挣扎、徘徊彷徨的律师或准律师传递一个信念，借用李宁品牌的一句广告词就是“一切皆有可能”！

第三节　我幸运地比高加林晚了一个时代

前面在叙述自己高考失败后，当代课老师被人挤兑时，我说自己的经历像路遥小说《人生》中的高加林。高加林曾是我的偶像，在高中阶段初读路遥的中篇小说《人生》时，我就深深地被里面的主人公高加林所吸引。他的才情，他的理想，他对美好生活的向往，他对事业执着的追求，甚至他与黄亚萍、与巧珍的爱情故事，都深深地吸引着我。带着这种吸引，我一天就把这篇小说读完了。此后又看了多次，还看了根据同名小说改编的电影。高加林这个才情和理想兼具的农村青年，这个众多高考落榜生的偶像，最终敌不过时代的宿命。这仿佛是 20 世纪七八十年代一个缩影。

时间进入 20 世纪 90 年代，人口流动如候鸟搬家，大潮涌动，劳动关系更是发生了翻天覆地的变化，以前受制于编制无法引进的人才，现在可以通过一纸劳动合同解决问题。这种伴随着时代进步带来的各种机遇，为外地人进京发展提供了无限的可能性。可以说，如果路遥笔下的高加林、孙少平晚一个时代出生，他们的命运将重新改写，高加林不仅可以通过公务员考试保住县广播站记者的位置，到他一直向往的南京当上省报记者也未可知。至于文学天赋比高加林更高的孙少平，完全有可能闯荡京城，以特约编剧的身份进入某知名影视集团旗下的创作团队，只靠一部电影的稿酬就能养活一家老小。而我的幸运，正是比高加林、孙少平晚生了一个时代，赶上了更加包容、开放、多元的好时代：多元化的学历教育和职业资格考试弥补了高考华山一条路的短板，让那些没有考上大学的人多了一个晋升社会层级的资本，劳动人事制度的改革突破了编制和户籍的限制，让更多有志青年找到用武之地，社会人口流动促进了社会层级流动，打破了层级固化、赢者通吃的社会格局。现在地方院校的毕业生都能无障碍地到北上广一线城市找工作，在 20 世纪 80 年代，这是不可思议的。国家包分配，也就基本把你的终生工作都包了，好赖都是它，个人的选择空间极为有限。

就我自己的亲身感受来看，我从事律师职业这十六年以来，也实实在在地看到了中国法治的长足进步。赶上了这么一个好的时代，我这个既无为官之魄力，亦无经商之才干，且恐惧农耕之苦累的现代版落榜秀才，才能在北京这样的大都市找到律师这个自由职业，获得一席谋生之地。我要真心为时代的进步喝彩，为北京的包容点赞！

附　录

原创信息示例*

---

* 本部分收录的是作者原创短信、微信文字，是作者对于律师工作和生活的点滴记录和思考，附在本书最后，以飨读者诸君。

1. 抵制转发短信

以原创短信为荣，以转发短信为耻。本人黄天时吁请律师界全体同仁：让我们秉承把头脑长在自己肩膀上的独立精神将抵制转发短信运动进行到底，向虚伪的矫情和从众的惰性宣战，塑造深刻厚重的中国律师形象！

2. 有效辩护

有效辩护是对走过场的形式主义辩护的反叛，这不仅是对律师执业的伦理要求，也是对弥漫于看守所内在押当事人中律师无用论的一种自我救赎。律师唯有提高刑辩技能，尽心尽职地给当事人提供有效的法律服务，才能催生当事人的服务需求，培育良好的法律服务市场。

3. 婚礼上的祝词

今天参加侄女的婚礼，在对新人的寄语中，我讲了“祝福”“包容”“财富”“读书”四个关键词。婚姻是人生中唯一可称为“终身大事”的事情，一生的诸多事情中，唯此为大。这是值得亲友们庆贺和祝福的大事，更是需要新人一辈子珍惜和用心经营的事情。结婚就意味着两个之前毫无交集的人，要成为彼此生命中最重要的人，这种重要性竟然超过父母与兄弟姐妹的关系，在法律上定义的近亲属范围中，配偶是摆在父母、子女和兄弟姐妹之前，位居首位的。这就需要两个之前素昧平生的人彼此包容，求同存异。其中难免会有分歧和争执，但主旋律应该是协调统一，和而不同，而不是对抗、冲突这种非正常的状态。财富是家庭幸福的物质基础，婚后双方要努力创造，尽量把自己的物质生活安排得好一点。学会家庭理财，在同样的财富中，如何学会有计划地开支，量入为出，这也是一门学校教育中从未触及的学问，需要在家庭收支中好好历练。俗话说“吃不穷，穿不穷，算计不到就会穷”。除追求良好的物质生活外，我们不要忘了精神上的追求。最好的办法就是读书。读书能陶冶心灵，提升一个人的境界和格局。读好书，尤其是读经典就是和先贤哲人进行心灵对话，让人更清楚地看清自己和他人，活得更加通透和洒脱。读书甚至还有一种养生的功效，诗词研究大家叶嘉莹九十多岁还能自驾汽车，四处讲学，其长寿之道就是诗词养生。作为一个受过高等教育的人，时刻别忘了读书人的身份，多抽时间看看书。杨绛先生说过，一个人的烦恼往往是因为想得太多而读书太少。

4. 三八祝福

中国男联盟主席（此处系作者调侃）黄天时祝您节日快乐！同时恳请您以成功女性无可阻挡的影响力给人大提个设立男士节的议案，因为深层次法律意义上的男女平等就是不把妇女当作特殊群体看待。

5. 车到庐陵

火车到你家了，我下车一趟，不为购物，不为伸腰，只为沾沾贵府之宝气。人才辈出的庐陵吉水是我梦寐以求之地，王（安石）、汤（显祖）、文（天祥）、欧（阳修）诸公令我仰止！

6. 品茶叙旧

拙荆有孕在身，不敢久留故里，今日启程返京。感谢你的热情款待和细致安排。此行回家，未能与贤妹品茶叙旧，至为遗憾。只待来日贤妹北上京城，咱哥俩一起把盏临风，共话沧桑。

7. 起早摸黑

昨天出差沙城，鸡叫头遍，东方刚露出第一道鱼肚白就动身，直到撑灯时分才摸黑回家。一路风霜，一身征尘，真是“鸡声茅店月，人迹板桥霜”啊！

8. 六一祝福

六一到了，黄天时律师吁请职场白（领）骨（干）精（英）：放下身段，天真一回。将少年的活泼、青年的激越、中年的深刻、老年的厚重融于一体，生命方显丰盈多彩。

9. 教师情结

我也想像贵校的青年才俊那样，潜心修学，集天下英才而教之，教得桃李成荫。无奈命途多舛，误入讼堂，成天为他人争名争利，真是有辱斯文啊！

10. 社会需要升级版

带孩子去医院打预防针，在 3 号窗口详细输了孩子和父母姓名、身份证号，到隔壁的 4 号窗口又要重新输入一遍。我质疑医院信息系统设置不合理，工作人员解释说，系统就是这么设置的。我说地球都快成一个村了，你们一个单位还搞条块分割，各自为政。很多人不喜欢律师的刺头劲儿，殊不知社会需要升级版，有识之士就是触发键。律师就是要敢于对见怪不怪、习以为常的不正常现象猛喝一声：不对！

11. 孩子取名

想给孩子取名诗雅，因孩子预产期与孔子生日相同，孔子编定《诗经》,《诗经》风、雅、颂三编，我独爱雅编，故名诗雅。同时也寓意孩子要知诗达理，举止优雅。贵美女以为如何？

12. 反忽悠

以诚实守信为荣，以爽约食言为耻。全球反忽悠联盟总干事（此处系作者调侃）黄天时重申中国古训：一言九鼎，一诺千金；一言既出，驷马难追；一人撒谎，全家蒙羞！

13. 家乡的变迁

这次回家让我感慨良多，家乡的变化让人目不暇接。你看，咱们周田客家古村都装上了路灯，村口的小河也砌了河堤，孩子能用流利的普通话与陌生人交谈，村姑用手机做微商赚来了真金白银，中青年农民的视野不再局限于传统的一亩三分地，全县的篮球联赛都聘请外援了，知名话剧演到了会昌县城，吸引我们县里诸多粉丝前往观看……这些之前只能用梦寐以求来形容的新鲜事物如今已成了活生生的乡村场景，沧海桑田的神话故事有了老家版本。我真心为时代的进步欢呼，为家乡的变化喝彩！

14. 心灵中有诗意

心灵中有诗意，记忆中有历史，思考中有哲理，交往中有情义。凭君此身儒雅气，何患仕途志难酬？纵有千条潜规则，但有一条是不变的：无论何朝何代，总得启用一批才学满腹的有识之士。

15. 形散而神不散问题

我认为形散而神不散从文学理论的角度去理解，并没有什么问题。理论要解决的是一种终极性的问题，就像哲学家都看到了世界既是物质的，又是意识的，但在理论立场上不能脚踏两只船，徘徊不定。否则就等于什么都没说。这就是理论的片面性才能产生深刻问题。至于创作实践，可以不必完全拘泥于理论，那是另一个层次的问题。有的新理论以创新的面目示人，但可能是伪创新（有人认为“形散而神不散”的散文创作理论过时了，但我认为并未过时）。

16. 多年不知肉味

现在的食品光鲜靓丽，可怎么也吃不出儿时的味道了。前几天老家托人捎来几斤腊牛肉，那是纯自然放养的牛，味道非同一般！这又使我想起童年往事，那时没得吃，我有个罪恶的念头，就是盼着生产队的牛早点死了，好啃点骨头。那时的死牛味道都比现在超市买的牛肉强。这些年吃不出肉味，我以为是自己的嘴变刁了，原来还是食品变了。孔子是闻韶乐而三月不知肉味，现在我们没有听到什么好乐曲却多年不知肉味。当然也许是我们的味蕾还停留在儿时乡愁的村口，正所谓走过千山万水，蓦然回首，你的口味还在家门口。

17. 律师只代表争议，不代表正义

律师并不是正义的化身，当然律师也不代表邪恶。他只是国家法治进程中的一个中介力量，诉讼各方通过聘请律师，借助专业力量互相博弈，最终得到一个宏观上的公平结果。就个案而言，律师必须忠于当事人的利益，争取其合法权益的最大化，甚至在社会普遍道德与律师职业操守相冲突的情况下，律师仍要坚持自己的职业操守。因为当事人对律师的信任是律师制度的基础，这个基础动摇不得。当然律师的所有活动都不能逾越法律的边界。用一句话来概括最恰当：律师只代表“争议”，不代表“正义”。

18. 现实版的《人在囧途》

本人再次出演现实版的《人在囧途》。昨晚乘火车去合肥出差，原本想在火车软卧美美地睡一觉，夕发朝至，上午到合肥办事，下午去武汉。谁知晚上九点四十分出发的车开了不到两个小时，因火车头挂上某物，居然开不动了。临时从北京调一个火车头过来，前后耽误五个小时，要中午十二点才能到合肥，上午只能待在火车上了。有个清华大学的教授更悲催，他九点要到中科大参加由他主讲的一个学术研讨会，半夜得知晚点，想改坐沿线高铁。列车员说这是京九线，没通电，无高铁……谢谢各位的关注和慰藉，上演半夜鸡叫式的《人在囧途》，原本晚上九点起飞的飞机，拖到次日凌晨三点起飞。发此信息不是抱怨，而是分享我这痛并快乐着的出差旅程。哈哈！

19. 北京的天气

北京的天气有点像北京人的性格，直率生猛，没绕弯子就从寒冬到酷暑。说得诗意些，就是有一种“春潮带雨晚来急”的猛劲儿。更要命的是，这些日子早晚温差大。如我辈已过不惑仍困惑不已者，早上驾车开暖风也不算肾亏体虚，中午开空调不意味着身体硬朗。至于爱潮女士，起床后的第二件事情（第一件事是

上厕所)，一定是打开窗户，看楼下是否有人在裙装下把略显厚重的冬袜换成薄如蝉翼的丝袜。请各位兄弟姐妹带上能冬能夏的衣服，我因出差去合肥、武汉办事，舟车劳顿，人在囧途，不能与各位如切如磋、如琢如磨了。但我心依旧，我情永远。

20. 造福千年的福寿沟

老家连日暴雨，赣州古城安然无恙。这得益于北宋赣州知州刘彝主持兴建的强大排水系统——福寿沟。它在地下静躺千年，只有在大雨如注，别的城市为洪水肆虐而惊慌失措的时候，才向现代官场的衮衮诸公发出屈原般求天索地的诘问：个人的一时荣辱去就与千年民生福祉，哪一个重要？

21. 王权富贵与清规戒律

文艺具有超越现实，慰藉人心的力量。历经岁月的磨砺，重听吴静原唱的电视剧《西游记》插曲《女儿情》《何必西天万里遥》，您是否觉得有一种超拔的念头？“说什么王权富贵，怕什么清规戒律！”多少人为追求王权富贵而被清规戒律约束，遥遥万里，辛苦奔忙。而内心的纠结与不甘只能在文艺作品中寻求解脱。这就是文艺的力量。

22. 刑辩律师的司法信仰

好消息，本律师又取得了一个无罪辩护的成功案例，这是继青岛一个当事人涉嫌故意杀人被判无罪后，本人所做的第二个无罪辩护成功案例。法院曾以骗取贷款罪判决我的当事人有期徒刑一年（适用缓刑)，被告人不服上诉至中级人民法院，中院以事实不清，证据不足为由发回重审。重审期间，检察院撤回对我的当事人的起诉，同案其余四个被告人被判有罪。在此发布消息不免有沾沾自喜的心理，但高兴之余，我最应该感激的是时代进步带来的法治昌明，并由此所激发的刑辩律师对司法公正的信仰。一个籍籍无名的律师亦可以纯粹的专业努力做成无罪辩护案件。加油吧，伙伴们！

23. 乡愁的味道

乡愁就是那块挂在老家屋檐下让人垂涎欲滴的腊肉，就是那条光屁股摸鱼玩水的小河，就是那盘在阴雨天不用砍柴放牛而与小伙伴们杀得难解难分的棋局，就是母亲给游子送了一程又一程仍难舍地站在土坎上被山风吹起的那缕白发……（有感于来自老家的一块腊肉）

后　记

“未觉池塘春草梦，阶前梧叶已秋声”，南宋大儒朱熹在春去秋来的时序嬗递中发出时光易逝、韶华难留的无奈感慨。这种感慨直击读书人的心灵。屈指算来，自上次出版《从门外汉到成功律师》至今，不经意间又跨过十个年头了。

可以略带自豪地说，这十年来，我没有虚掷光阴，一直在努力着，奋斗着。命运也似乎在眷顾我，回报我，让我进入律师生涯的黄金时期：外在名头上，从寂寂无名到声名鹊起，各种虚虚实实的头衔环绕在身，并时常在多家媒体上抛头露脸，以专家身份点评案件；内在业务上，从兼收并蓄到精专于刑事辩护与公司法务，涉及刑辩领域多种类型案件，而且做成了一批精品案件。当然，我心里清楚，取得这些成绩并不值得骄傲自满，更没有飘起来的资本。重要的是不断总结，更深入地看到自身不足，才能再接再厉，更上一层楼。有鉴于此，办案之余，我更多的是思考，总想把新的经验教训做个系统的梳理，中国法制出版社的编辑也正有此想法，约我重新整合书稿，扩增篇幅，修正之前的错漏之处。对此，我感激不尽，欣然应允。

更令我感动的是，本书初版就得到众多读者的捧场与厚爱，他们通过电话、微信或电子邮件联系我，给予充分肯定的同时，也提出诸多宝贵意见。除了指出个别文字上的错讹，有的读者还从篇章结构、纲目体例甚至从书中涉及的法律法规应用是否妥当方面提出许多中肯意见。他们都盼着再版新书时，能臻于完善。我深知，在我们这个多媒体大数据时代，每个人的指尖轻敲一下，都可成为信息发布者，都能在或大或小的舞台上表演一番。但是你的表演是否有人愿意看，就全凭你台上的功夫了。群众的眼睛是雪亮的，如果都是一些假大空的把式，人们一眼就看穿，再也不会像歌曲唱的那样“在人群中多看你一眼”。因此，只有真正有分量、有深度、有见地的“干货”，才能以飨读者。这是我写就此书所秉持的一个最基本的理念。在扩增内容时，实实在在地增加读者真正用得上的东西。其中多个成功案例都是本人亲自办理的，除有关保护当事人信息适当加工处理以避免对号入座外，其余所有办案情节，包括接待当事人、确定办案思路、提出辩护意见，到最后的判决裁定和办案思考，基本是百分之百的“现场直播”，让读者过足“律师办案瘾”。对于非法律专业人士而言，完全可以当作故事来读，个中世态人情、百味人生如一面镜子，或许能让您在茶余饭后有所借鉴，有所感悟。

本书的付梓出版，首先要感谢我的同事——北京天冲律师事务所合伙人马锋琦律师、田怀庆律师，他们承担了律师事务所繁重的管理工作，让我腾出专门时间来写作。中国法制出版社编辑对本书的修订极其认真细致。她们从宏观体例纲要，到微观文字标点都孜孜以求，精益求精，从不含糊。此外，还要感谢蔡兰女士、黄海晨先生、刘建宏先生、王泽旭先生、朱志刚先生、陈静女士、刘柳女士、罗素华女士、徐普先生、王哲女士、王田女士、张瑞凤女士、宋兴燕女士……要感谢的人还有很多，之前初版后记中提到的感谢人士，依然感铭在心，不再重复列举。

最后要特别感谢西南政法大学博士生导师陈步雷教授，他是我在中国政法大学上学期间的老师，我也算是他校外的亲授弟子了。陈老师多年来都在关心我，帮助我，这次又抽出宝贵时间来为本书作序。恩师的勖勉与肯定让我平添自信，也让我获取继续前行的力量。

我的联系方式不变：电子信箱：hts8198@163.com，欢迎读者诸君来信来电，咱们坐而论道，如切如磋，如琢如磨，岂不快哉！

2022 年 7 月于北京 · 曦霞居

图书在版编目 (CIP) 数据

律师是如何炼成的 / 黄天时著 . —北京：中国法制出版社，2022.8

ISBN 978-7-5216-2433-5

Ⅰ. ①律…　Ⅱ. ①黄…　Ⅲ. ①律师—工作—中国　Ⅳ. ① D926.5

中国版本图书馆 CIP 数据核字（2022）第 007683 号

策划编辑：黄会丽

责任编辑：孙　静　　　封面设计：李　宁

律师是如何炼成的

LÜSHI SHI RUHE LIANCHENG DE

著者 / 黄天时

经销 / 新华书店

印刷 / 三河市紫恒印装有限公司

开本 / 710 毫米 ×1000 毫米　16 开　　　印张 / 13.25　字数 / 220 千

版次 / 2022 年 8 月第 1 版　　　2022 年 8 月第 1 次印刷

中国法制出版社出版

书号 ISBN 978-7-5216-2433-5　　　定价：58.00 元

北京市西城区西便门西里甲 16 号西便门办公区

邮政编码：100053　　　传真：010-63141600

网址：http://www.zgfzs.com　　　编辑部电话：010-63141787

市场营销部电话：010-63141612　　　印务部电话：010-63141606

（如有印装质量问题，请与本社印务部联系。）